堀内進之介

善意という暴力

GS
幻冬舎新書
570

はじめに

本書で扱うのは「善意による支配」である。「善意による支配」とは何か。
強くて慈しんでくれる父による支配を父性の支配（パターナリズム）だとすれば、善意による支配は、優しい母による母性の支配（マターナリズム）だ。「日常の中の権力」だと言い換えてもよい。ジョージ・オーウェルが『1984年』で描いた中央集権的な巨大コンピューター（ビッグ・ブラザー）による支配ではなく、SiriやAmazon Echoによる管理・調整のことだと考えてみてもよい。

畠山弘文『官僚制支配の日常構造——善意による支配とは何か』（三一書房、一九八九）は、副題が示すように、「支配」が善意によってなされることを扱った政治学の先駆け的な研究である。現代政治学は、悪を減らし、取り除くことについては多くの研究を積み重ねてきた。

しかし、善については、どうか。

権力や政治を必要悪だと考える中では、より少ない悪を善だと見なしてきたのではないか。しかし、そうした善は、悪の不在を求めることでしかない。もっと言えば、そうした善は、悪を背景とするものだ。そんなものが、果たして善と言えるだろうか？

そもそも、それが、日常の中の権力＝善意の支配について、以前から考えてみたいと思っていた理由の一つだ。では、「官僚制支配の日常構造」とは何か。霞が関の官庁のような、分かりやすい巨大な権力ではなく、私たちが日々触れる町の交番の警察官や、地方行政の行政官のレベルの権力のことである。こうした権力は、政治学では、「ストリートレベルの権力論」「日常の権力論」と呼ばれる分野が扱ってきたものだ。

権力論と聞くと、どうしても、戦争や災害など、国家緊急権が問題となるような例外状態（カール・シュミット）や極限状況を考えたくなる。確かに、理論的に考えるには、議論が先鋭化するので、そうした状態や状況の方が分かりやすい。しかし、実際には、例外状態や極限状況など、滅多矢鱈にあるものではない。例外状態は、文字通り「例外」なのだ。にもかかわらず、ほとんどあり得ない状態についての知見や深淵な哲学が、耳目を集めてきたように思う。

しかしながら、権力とは、そうしたものばかりではない。

ある種の薬品の場合、濃度一〇〇パーセントの原液よりも、薄められた状態の方が、働きが活発になるということがある。権力も同様だ。権力は、例外状態や極限状況だけでなく、日常の中でも働いている。というよりも、むしろ、ほとんどの権力は日常の中で働いているのだ。

しかし、それゆえに、かえってありきたりで、つまらなく見えるのかもしれない。「日常の中の権力」について、専門家の知見が一般に知られていないのは、そのせいもあるのだろう。官僚制についても同じことが言える。官僚というと、私たちは狭い意味での行政官僚を考えてしまう。しかし、そもそも、官僚制＝ビューロクラシー（bureaucracy 事務作業、運営）が示す範囲は、私たちの日常に及ぶほどに広いのだ。

だからといって、私は、いわゆる官僚批判がしたいのではない。何かしらの事件で話題になった官庁や企業、あるいはテレビ局や新聞社、出版社などに関する報道では、「一人ひとりは、みんなすごく善い人なのに」という声を耳にすることがある。では、なぜ、一人ひとりの善い人が、集団になると、そうではなくなってしまうのか？

官僚たちに対する批判はこんなになされているのに、「官僚制」という制度が問題になり続けるのは、なぜなのか。それどころか、官庁や大学では、制度改革は幾度も試みられているのに、官僚制の問題が深刻であり続けるのは、なぜなのだろうか。この十数年、あるいは二〇年近く、企業では事業部制が見直され、政治では痛みを伴う改革がなされてきた。それなのに、具体的にどういう成果が現れたのか、いま一つ分からないと思うのは、私だけではないだろう。

実のところ、こうした改革の本当の問題は、「分かっているのに、変えられない」ということなのだ。それを問うことで、初めて官僚制を考えることができる。政権批判や政治家個人の素行や発言を批判することも大切だが、そうした批判すべき出来事がどのようにして生じるかについて、それこそを理解するために、いま一度、権力論を見直してみてはどうだろう。これが、本書で伝えたいことの一つだ。

もう一つはより個人的な理由だ。

私の親しい二人の知人の間で起きたトラブルが、「善意による支配」についての執筆を後押しした。私の研究対象だと思っていたものが、身近に確かに存在したということだ。

本書ではこのトラブルにはほとんど言及しないが、依存症（アディクション）と官僚制という、一見、無関係なものが日常的な権力構造を考えることによって結び付いたのは、この個人的な経験によるところが大きい。しかし、初期フェミニストたちが言ったように、「個人的なことは政治的なことでもある」。だとすれば、政治社会学の立場から、何が言えるか、どう見えるかを提示することができるはずだ。大げさに言えば、自分の身近に起きた事柄について、幾分でも説明できないようなら、研究者となった甲斐もない、という気さえしている。

本書には、心理学やルポルタージュの手法を否定する意図は微塵もない。「個人の障害」（パーソナル・ディスオーダー）と捉えられているものを、改めて、「社会の障害」（ソーシャル・ディスオーダー）として捉え直してみたい、というだけだ。いささか素朴に聞こえるかもしれないが、変なのは個人ではなく、個人を変にする社会の方ではないか、そう言ってみたいのだ。とはいえ、その社会を作っているのは、紛れもなく私たちだ。だとすれば、私たちは、社会をどのように作ることができるのか。

「はじめに」の最後に、書名について。

古典的な意味での暴力は、その人の意志に反して身体や財産に向けられる物理的な力のことだった。しかし、社会が複雑になるにつれて、自傷行為や、ハラスメントやいじめなどの精神的苦痛だけでなく、貧困・収奪・差別・飢餓・抑圧・分断といった社会的資源の不平等も射程に収める必要が出てきた。そこで、こうしたシステムの中で起きる間接的、潜在的な不公平・不正義を構造的な暴力と呼ぶようになった。

こうした構造的暴力は誰かの悪意に基づくものではない。それどころか、それを生み出す構造自体は、むしろ、善意によって動かされている部分があるとさえ言える。国家のように中央集権的な支配を父性的（パターナル）温情主義だとすると、本書が注目するのは、分散型でネットワーク的な母性的（マターナル）支配がもたらす暴力である。

たとえば、国家や会社などの組織が幸福になるとの理由で、一生のうち一〇年も、ひとつの作業をするように命じても、あなたはきっと納得しないだろう。しかし、ある調査によると、私たちはスマホの画面を一日に三時間以上も見ており、平均寿命にならすと一一年にもなるという（アダム・オルター『僕らはそれに抵抗できない――「依存症ビジネス」のつくられかた』ダイヤモンド社、二〇一九）。

こうした情報技術が社会に適用されることで生じる弊害は、意識や理性だけでは抵抗することが難しい。私は、こうした情報環境の弊害に抵抗するための方法として、テクノロジーと私たち自身の動員されやすさを逆利用するというアイデアを提示してきたが、本書では、一歩進んで、法律や制度、隣人との協業・協働といった社会技術《ソーシャル・テクノロジー》について述べることができたのではないかと思う。

これまで、いつも本を書くときは、ある程度、見通しを立てて書いてきた。しかし、今回は先に述べたように個人的な理由もあって、いつも以上に書きながら考えるということになった。執筆に際して、幻冬舎の小木田順子さん、伊東朋夏さん、そして加藤裕子さんには大変お世話になった。お三方の応援なしには、この本は出来上がらなかったと思う。改めてお礼を言いたい。

善意という暴力／目次

DTP　美創

第一章

善意が暴走する時代

「その人の身になってみろ！」という決まり文句

「不謹慎だ！」
「当事者の身になってみろ！」
「そんなの間違ってる！」
「不道徳だ！」

いまの世の中、何かにつけて誰かを糾弾する声が日増しに大きくなっている。

その代表的なものが、ネット用語で「不謹慎厨」と呼ばれる「不謹慎狩り」だ。不倫している芸能人、パチンコに興じる被生活保護者、果ては、見ず知らずの人のSNSの投稿や身の回りの出来事まで、ありとあらゆることがネタになり、糾弾の対象とされる。自然災害のように多くの人々が被害を受ける出来事が起これば、大量の「不謹慎厨」が発生するのは、もはやお馴染みの光景だ。

芸能人たちも、悪気があったわけではなく、自分の投稿がそんなバッシングを受けるなどとは思いもしなかったことだろう。

「その人の身になってみろ！」が、バッシングの決まり文句だ。被災者への気遣いだけでなく、「子供を持ちたくても持てない人々」を引き合いに出した「配慮が足りない！」の声もしばしば上がる。辛い不妊治療を経験する人や、経済的事情など様々な事情で子供を諦める人が増えている中、妊娠や出産にまつわる表現には、デリケートな配慮が必要とされるようになった。本来なら、「子供ができました！」「赤ちゃんが生まれました！」という告知は、「よかったね！」「おめでとう！」と祝福のメッセージで迎えられるはずのものだ。ところが、いま、SNSにそうした投稿をすれば、「産みたくても産めない人たちへの配慮が足りない！」とクレームがつきかねない。

産みたくても産めない辛さに無神経でいていいわけがない。しかし、「産めない人への配慮」と、「生まれました！」という素直な喜びさえも表に出してはいけないというのは、そもそも別のことであるはずだ。

炎上するCM・しないCM

意図を超えたところで非難され炎上するという点では、CMがしばしば取り上げられる。注目を集めるためにあえて過激な表現を用い、炎上を狙うケースもある一方で、自主規制モードに入り、ひたすらクレームを逃れようと無難な表現に走るCMも多くなったように思う。

たとえば、食品のCMなどでは、エプロンをつけた妻や母親が「できたわよ」と料理を運ぶ場面があると、「料理を作るのが、いつも妻（母親）なのはおかしい！」「女性差別を助長するな！」と批判されるため、最初からテーブルに料理が置かれ、家族みんなで「いただきます！」「おいしい！」と盛り上がるようなシチュエーションが多用されている。確かに、これなら、誰が料理したかは分からないから、「女性差別だ！」と言われることはないわけだ。

実際はどうなのだろう。ビデオリサーチの村田玲子と、大妻女子大の田中東子准教授（当時）が二〇一八年に発表した調査によれば、食品のCMの中で調理をしている人の性別は、二〇〇八年は女性八本、男性一本で、女性が圧倒的だった。しかし一四年に初めて男性の本数が上回り、一七年は男性九本、女性三本になっている。また、一五年頃からは、女性だけが家事育児をしたり、女性を性的に描いたりした、ネット向けの宣伝動画の炎上が目立つようになったという（食品〈二〇一七年度広告出稿量上位一二社分〉と掃除洗濯用品のCMについて、〇八年から一七年までの一〇年分、各年八月〈大掃除用品のみ一二月〉に放送された一五秒CMを調査）。

なぜ、他人を叩くのは快感なのか

一見、叩く側は「悪」を指摘しているようだが、実際のところ、バッシングはもはや善悪の問題ではなく、バッシングすること自体が快感になっているのではないだろうか。では、一体、なぜ、バッシングすることが快感なのか。

芸能人のゴシップを例に挙げよう。芸能人の不倫をバッシングする人たちは、本当に不倫された側に同情しているという理由だけで、あれほど熱心に糾弾しているのだろうか？　そもそも、他人の浮気や色恋沙汰に過ぎないものを、共同体のルール＝倫理を破るという意味で、「不倫」と呼ぶのは、一体、誰が始め、いつ頃定着したものなのか。ワイドショーなどのメディアの発展とどう関連しているのか。また、「芸能人」という特異な存在が持つ歴史的な意味について、メディア論や歴史社会学の専門家の意見を聞いてみたいところだ。

遺伝子を最大限に残すことが目的だとする進化生物学の立場からすると、養育費用を負担することなく、他のオスに自分の子供を育てさせることは、人間のオスにとっても理に適っている。優秀なオスの遺伝子と一緒であれば、自分の遺伝子も残りやすい。だから、メスにとっても、優れたオスとの間の子供をそうでないオスに育てさせることは合理的だ。

だが、それぞれの個体にとってはそれでよくても、グループや群れにとってはそうではない。誰もがそのように考えたら、家族も共同体も成り立たなくなってしまう。共同体ごと滅びてしまえば個体はもちろん遺伝子も残らない。だから、私たちの感情は、ズルい裏切り者（フリーライダー）を許さないようにできている。

しかし、裏切り者を許さないのは、私たちの「感情」だけではない。それを知るための手掛かりとして、四枚カード問題（ウェイソン選択課題）として知られる、認知科学の実験を紹介

4枚カード問題

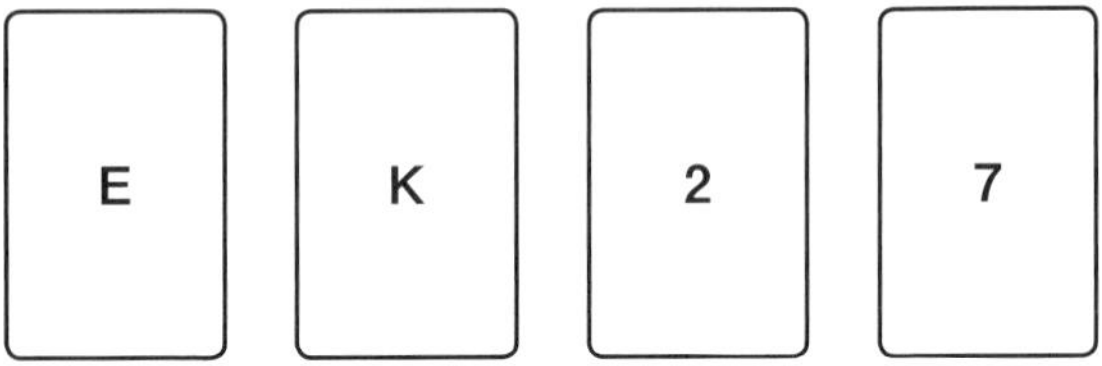

しよう。

いま、片方の面にはアルファベットが、もう一方の面には数字が書かれている、四枚のカードがあるとしよう。そして、それぞれのカードで「片面が母音ならば、そのカードのもう一方の面は偶数でなければならない」というルールが成立しているか否かを確かめたい。調べる必要があるカードはどれだろうか。

あなたは、ひょっとすると「E」と「2」を選んだのではないだろうか。しかし、それでは、条件を満たすことを確認しただけで、それ以外の可能性は調べられていない。論理的に考えれば、調べるカードは「E」と「7」でなければならない。だが、答えが正しくなかったからといって、気にする必要はない。正答率がとても低いことで知られている問題だからだ。

では、次の場合はどうか。

いま、四人が飲み物を飲んでいる。「アルコール飲料を飲んでい

4枚カード問題

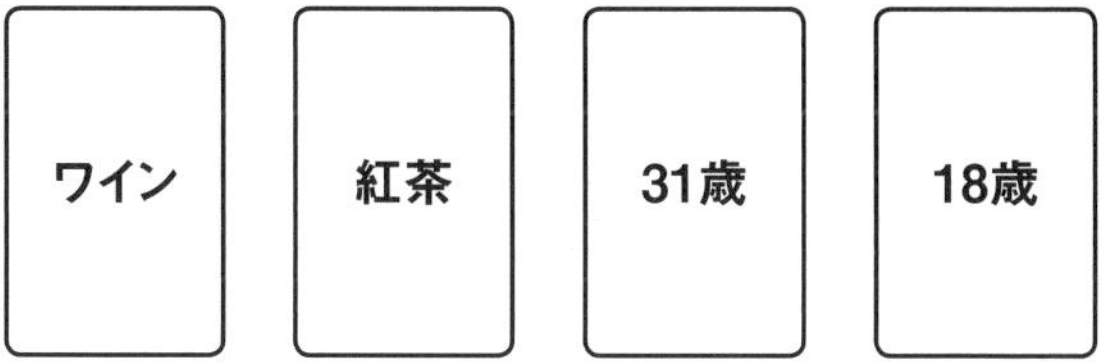

るならば、二〇歳以上でなければならない」というルールが成立しているかどうかを確かめたい。

あなたは、「ワインを飲んでいる人」と「一八歳の人」を選んだのではないだろうか。それが正解だ。当たっていなくても気にすることはないが、今度は、正解した人が多いのではないだろうか。

実は、この二つの問題は論理的には全く同じものだ。にもかかわらず、飲酒についての問題に置き換えられると正答率が上がるのだ。どうしてなのか。行動経済学や、そのもとになった進化心理学は、その理由を、フリーライダー（＝裏切り者）を迅速に発見することのできる、私たちの認知メカニズム(Cheater Detection Mechanism) に求めている。

私たちは、共同生活を営む上で利益だけを受けて義務を果たさない、いわゆる「ただ乗り《フリーライド》」を許していると、共同体を維持することができなくなってしまう。それゆえ、私たちは、協力的な社会を築いていく進化の過程で、裏切り者を鋭敏に検知できる認知メカニズムを獲得した、というわけである（コスミデス&トゥービー「裏切り者検知」)。

叩かれるには理由がある?

協力的な社会を築くという観点から、私たちは、フリーライダーを迅速かつ鋭敏に検知する能力や、また、そうした人を許さない感情を身に付けてきたようである。そして、それらが十全に働くように、快感が伴うようになったのかもしれない。バッシングが快感と結び付くのは、それなりの理由があるのだ。

もっとも実際には、バッシングがエスカレートするかどうかは、ほとんど偶然だ。不倫した芸能人が記者会見を開いて、「この度は誠に申し訳ありませんでした」と頭を下げても、「さすがの謝罪力」と許されるか、「なんだ、その謝り方は」「反省が足りない」と、さらなるバッシングを招くかは、その時々の状況に左右される。そこには理由はないと言っていい。

二〇一七年にアメリカ・カンザス大学で「あなたは何を着ていたの?」という展覧会が開かれ注目を集めた。展示されていたのは、ビキニ、男の子用の黄色い襟付きシャツ、セクシーな赤いドレス、Tシャツとジーンズなどといった衣服である。どうして、何の変哲もない衣服を展示する展覧会が注目されたのか?

実は、この展覧会では、一八の性的暴行被害の体験に焦点を当て、それぞれの被害者が当時着ていた服装を再現・展示していたのだ。こう言っただけで、展覧会のタイトルの意味が分かった人もいるだろう。「そのとき、あなたは何を着ていたの？」というのは、性的暴行にあった被害者が一番かけられやすい言葉だ。無論、この質問が意味しているのは、「挑発するような派手な服を着ていたのでは？」「そうでなければ、被害にあわずに済んだのでは？」、つまり、「あなたに、落ち度があったのではないのか？」ということである。私たちは、どうして、被害者に、こんな酷いことを言えるのだろう。

社会心理学には「公正化世界仮説」という考え方がある。舌切り雀でも、花咲か爺でもいい。おとぎ話の善いお爺さんと悪いお爺さんを思い浮かべてほしい。単純化していえば、善い事をすれば善い事が起こり、善くない事をすれば善くない事が起こるという考え方だ。

もちろん、そんなわけがない。私たちは、現実はおとぎ話よりも複雑で、善い事をしたからといって、善い事が起きるとは限らないし、悪い事をした人間が得をする現実があることも知っている。

それは理不尽で納得がいかないことだ。そういう心の状態は誰でも不愉快なため、簡単に納得できる説明を求めてしまうのだ。何にも悪い事をしていない人が、バッシングされてよいはずはない。バッシングされている以上、それなりの理由があるはずだ、きっと、そうであるに違いない。一緒になってバッシングしないまでも、多くの人はそうした気持ちを多少なりとも抱いているのではないだろうか。

暴走する正義の戦士

「正義」を振りかざして現状を正そうとするのは、ネットの世界に限らない。政治的立場の左右に関係なく激しくなっている。

社会正義を求める左派は、「政治的正しさ」に基づくPC（ポリティカル・コレクトネス）にも敏感だ。人種やジェンダー、セクシュアリティに由来する差別を是正しようとするPCは必要である。しかし、CMの細かな表現に女性蔑視を指摘するフェミニストや著名人の言動を非難する人たちは、彼らを「ソーシャル・ジャスティス・ウォーリアー（social justice warrior：SJW）」と愛着と皮肉の両方を込めて、冷やかし交じりに呼ぶことがある。確かに、PCを声高に叫ぶ彼らの姿は、どこか、社会の取り締まりをする自警団のように見えることがある。

では、なぜ、彼ら、SJWたちは過激化していくのか。英国の政治経済学者クリスチャン・ニーミエッツは、それを「ポリティカル・コレクトネスの経済学」と呼んでいる。つまり、進歩的な意見を持つことで得られる地位は、その意見が普及して標準化するにつれて失われていくから、進歩的な意見を支持する人がその地位を進歩的なものとして保つためには、進歩的な意見をより過激にし続ける他ない、というのだ。

左派であることを自分が自分である、自分らしさ（アイデンティティ）と考える人にとって、他人からの「進歩的」であるという評価は非常に重要なものだ。したがって、「進歩的」であり続けようとすれば、より「進歩的」、もっと「進歩的」な方向へと向かわざるを得ない。「保守的」だと思われたくないからだ。自分より「進歩的」な言説に接すると、それに比べて「自分は保守的だと見なされるのではないか」と不安に感じ、さらに「進歩的」なことを言おうとする。その結果、エスカレートしていくわけだ。

同じことは、反リベラルについても当てはまる。保守的であろうとすれば、より、反リベラル、もっと保守的にならざるを得ない。

弁護士に懲戒請求した人は洗脳されていたのか

二〇一八年、弁護士への大量懲戒請求が話題になった。二〇一七年の請求件数は約一三万件で、例年は一五〇〇件から二五〇〇件であることを考えると、その多さが際立っている。二〇〇七年、弁護士の橋下徹が、光市母子殺害事件の被告人弁護を行っていた弁護団に対して、出演していたテレビ番組で懲戒請求を行うように呼び掛け、実際に大量の請求が行われたときでも、八〇六五件だった。無論、弁護士の懲戒請求は、弁護士法に基づいて誰でもできる。請求を受けて弁護士会が調査し、その弁護士の「非行」が分かれば処分される。懲戒の理由は依頼人からの預かり金の着服や過大報酬が多い。

ところが、今回の場合は、そうではなかった。

全国各地の弁護士会は、国が二〇一六年に出した都道府県への通知（「朝鮮学校に係る補助金交付に関する留意点について〈通知〉」馳浩文科大臣・当時）が、朝鮮学校への補助金縮小を招いたとして批判声明を出したのだが[1]、これに対して、匿名ブログ（「余命三年時事日記」）が「確信的犯罪行為」と非難し、批判声明を出した弁護士に対する懲戒請求を行うための書類をダウンロードできるようにしたのだ。その書類に、手書きで住所と名前を書き、印鑑を押して郵送すれば、懲戒請求できるようになっていた。

ここで取り上げたいのは、朝鮮学校への補助金交付の是非ではなく、弁護士会の声明に直接関係のない弁護士にも、懲戒請求が大量に送られたことだ。懲戒請求が認められると、弁護士は「除名」され資格を失うだけでなく、三年間は弁護士になる資格まで失う。それゆえ、懲戒請求を受けた弁護士は精神的なショックを受けるし、反証のために物理的なコストを掛けなくてはならなくなる。

そこで不当な懲戒請求をされた弁護士たちは、懲戒請求者に対して損害賠償を求める裁判を各地で起こすに至った。

しかし、どうやら、懲戒請求をしたＳＪＷたちは、そのような「反撃」をされるとは、少しも思っていなかったようだ。実際、東京弁護士会に所属する北周士と佐々木亮、両弁護士が、全請求者に損害賠償請求訴訟を起こし、虚偽告訴罪や業務妨害罪での刑事告訴も検討していると記者会見を開くと、電話による和解の申し入れが相次いだ。

彼らは懲戒請求した理由として、「これで日本が良くなると思った」「時代を変えられると思った」と述べたという。彼らの年齢は、「一番若くて四三歳。四〇代後半から五〇代の層が厚く、六〇代、七〇代」「女性もそれなりにいて、男性と女性は七：三くらいか六：四くらい」であったらしい。

この結果は、排外的な傾向を持つ人々を調べた、大阪大学大学院の辻大介准教授の調査（「ネットは日本社会に排外主義を広げるか」二〇一八）や、徳島大学大学院の樋口直人准教授の『日本型排外

---

i―詳細は、各弁護士会のサイトを参照。大雑把にまとめると、プロの法律家の立場から、北朝鮮の政策に何の影響も与えられない朝鮮学校の生徒が、そのことを理由に不利益を被るのは不合理で人権侵害に当たるのではないか、という懸念を表明したもの。右左といった、狭い意味での政治的主張とは無関係である。なお、わが国は、すでに、人種差別撤廃条約、子供の権利条約を批准しており、学習権や民族教育を受ける権利を守ることを約束している。

主義――在特会・外国人参政権・東アジア地政学』（名古屋大学出版会、二〇一四）の記述ともおおむね一致している。

また、懲戒請求した弁護士に郵送された、五〇代と思われる男性からの謝罪文には、「自分がマインドコントロールされ、集団ヒステリー状態になってしまっていた」「敵か味方かという対立を煽られ、怒りや恐怖を刺激され」たと書かれていたという。マインドコントロールという言葉からは洗脳とかカルト宗教といったイメージが浮かぶ。

実際、匿名ブログ（「余命三年時事日記」）に促されて懲戒請求を行った、五〇代の女性も同じように答えている。

事の重大さに気付き、このブログを読むことをやめた今は「対立をあおって戦わせようと仕向けるカルト性が高い危険なブログだった」「信者になっていた」と感じている。

（毎日新聞二〇一八年一〇月二三日）

正当化された違和感と身勝手な善意

ここだけを読むと、やはり、洗脳ではないか、と思われるかもしれない。では、同じ女性の次のような発言はどう考えたらいいだろう。

女性は大量の懲戒請求について「負担感は全然なかった」と振り返る。ブログのコメント欄に自身の住所・氏名を書き込み意思を伝えると、昨年5月と10月にそれぞれ約200枚の告発状と懲戒請求書が送られてきた。対象者名や請求理由は記載済み。女性は自分の氏名と住所を書き込んで押印、まとめて東京都板橋区にある指定場所へ郵送するだけだった。ネット動画を見ながら作業し、半日もかからずに書き終えたという。(同前)

洗脳やマインドコントロールが特定の考えを正しいと思わせることで、脳や心を支配することだとすると、別のことを考えながら、手だけを動かしているというのは、脳や心に働き掛けることなく、「行為」だけを促していることのように思える。そこで、気になるのが、前述の男性の手紙に書かれていた「怒りや恐怖を刺激され」たという言葉だ。

男性用トイレに「◎」を描いておくと、そこを目掛けて用を足すので、掃除が楽になるとか、自動車の運転の際、カーブで実際に曲がり始めるよりも早めに「<」の標識を出すと、事故率が減るという話を聞いたことがあるかもしれない。行動経済学や認知心理学で「ナッジ(nudge)」と呼ばれる手法だ。元々は、肘で軽く小突くという意味で、人間の動かしがたい本

性や刷り込まれている傾向に働き掛けることで、その人がどう考えているかに関わりなく、特定の行為を促す方法のことをいう。

女性は、いまでも「朝鮮学校への補助金支出は誤り」という考え自体に変わりはないが、懲戒請求という「手段が間違っていた」と述べている。その言葉通りだとすれば、今回の行動は彼女自身の考えに基づいて行っていたということだから、ナッジによって促されたとまではいえないかもしれない。

では、こういう場合はどうだろう。

米人気歌手のテイラー・スウィフトが民主党支持を表明し、有権者登録を呼び掛けたというニュースが話題になったことを覚えているだろうか。アメリカでは日本と違い、まず、有権者登録をしなければ投票ができない仕組みになっている。だから、彼女は有権者登録を呼び掛けたのだ。

この呼び掛けに触発された、「これがアリアナ・グランデとピート・デヴィッドソンが別れた理由だなんてびっくり」という文章と二人の写真を投稿したツイートが物議をかもした。そこに貼られたリンクをクリックすると、有権者が投票者登録できるウェブサイトに飛ばされるのだ。典型的な釣りツイートだ。

さらに、アメリカ版『ELLE』誌の公式アカウントまで、有権者登録ウェブサイトに誘導するために、「キム・カーダシアンとカニエ・ウエストが破局へ」というテキストと二人の写真を添えたツイートをした。これは「フェイクニュース」だという批判を浴び、謝罪を余儀なくされている。

これらの人々の行動に共通するのは、「あの人たちは私たちとは違う」といった微細で断片的な言葉にならないような違和感を正当化した、「悪さをする人をちょっと懲らしめてやろう」という善意を動機としていることだ。

「道徳的価値が伝達されるのみならず、これと異なる『誤った』(非現実的)考えは矯正されなくてはならないということ」「他の選択肢への訴えを合理的配慮の名のもとに抑圧するということ」(畠山弘文、前掲書)が、善意の名の下に行われるわけだ。

インターネットのような技術が、その善意を実行に移すのをより簡単にしてくれる。それは、洗脳やマインドコントロールより、ずっと恐ろしいことだろう。

感情重視に方針転換したリベラル

先に、政治的言論においても、リベラルはよりリベラルに、保守はより保守にエスカレートしていく傾向があると述べた。その背景には、冷戦終結後の左派の退潮、それに連動した理性の退潮、という大きな流れがある。

フランス革命以来、左派・左翼は、ずっと理性を重んじてきた。フリードリッヒ・エンゲルスの『空想から科学へ』という書名にもあるように、人類の進歩や歴史の発展を客観的な科学として取り扱ってきた。民主主義から共産主義への移行は科学的進歩で、共産主義が実現すれば、より平等と自由が実現すると考えられていた。進歩的でないことは「保守的」「反動的」と、否定的に評価された。

だが、理性的であることは、時として、日常的な感性や現実から離れた「直感に反した」ものになる。誰もが、「理屈はそうかもしれないけれど」「ちょっと、ついていけない」と思う経験をしたことがあるだろう。それはいつの時代にも存在する人間心理だが、マルクス主義が隆盛をきわめた時代には、そういう「気持ちは分かるけどね」という心情は、決して肯定的なものではあり得なかった。

しかし、冷戦構造崩壊後、左派は勢いを失い、日本国内においても、八〇年代には三公社の民営化に伴い労働組合が弱体化、その後の政界再編を経て、社会主義政党もほぼ壊滅した。環境問題や自然保護の観点から、科学文明への批判が起き、理性万能主義にも懐疑の目が向けられるようになった。

その結果、理性を売りにした言葉は人々に届かなくなり、左派・リベラルも感情に訴えるようになった。

元々、感情に対するアプローチは、「伝統」「家族」「ふるさと」「愛国」など、情緒的な言葉を掲げる保守の得意とする方法であった。ジョナサン・ハイトは、五つの味覚（甘味、酸味、塩味、苦味、うま味）があるのと同じように、何が正しいかを判断する道徳心には、ケア、公正、忠誠、権威、神聖、自由という六つがあるとした。

左派は元来、ケア、公正、自由の三つのボタンを押すだけなのに対し、右派は六つのボタンすべてを押すことができる。理性だけでなく感性にも働き掛けられる右派が、左派より有利なのは当然だ。

ハイトは感情も大切にせよとは言ったが、理性を疎かにしてよいとは言わなかったはずだ。だが、感情に棹《さお》さしたことで、最近の左派は自らの本来の特徴を失い、大きく変容しつつある。背景も事情も異なるアメリカやヨーロッパの、ポピュリズム政党的左派のブームに便乗するようなわが国のリベラル派の動きは、まさにその典型だろう。

あえて過激化・暴走する右派

他方、右派の方はどうだろうか。

「ネトウヨ」や「オルタナ右翼」と呼ばれる人たちは、元々は、多種多様な背景・価値観を持っており、一致しているのは反左翼・反リベラルということだ。一致点がそれしかないことが、彼らの言動を過激化させている。

日常的な感性や理解を超えた（ように見える）根拠や理由をもとに、社会正義をことさらに強調するSJWが、彼らには権威主義的でヒステリックに見えている。SJWが多くの場合、恵まれた環境にある人々であることも、彼らへの反発の原因となっている。

SJWの主張が、いわば偽善であり、端的に自分たちを「見下す」ものであると感じられることが、「ネトウヨ」や「オルタナ右翼」をより暴走させる結果をまねいている。

「『LGBT』支援の度が過ぎる」と雑誌に寄稿して話題になった、自民党の杉田水脈議員は『民主主義の敵』（青林堂、二〇一八）で、文芸批評家の小川榮太郎と対談している。

小川　いまの安倍総理は自分のコアな支持者を肝心なところで裏切っているんですね。靖国参拝は1回しか行かないし、日韓合意もしている。安倍さんを押しだしたコア層から見れば、彼らの思いを裏切っているのに、それを皆であの手この手で忖度しながら支持しつづけている。

小川 そのためには政権を批判する必要も当然出てきますが、それも含めて安倍総理の本来の政治路線を右側からきちんと打ち出してほしいですね。（略）

そうなると若手議員のなかで、暴走してもらうほかない。この「暴走族」がいままで自民党には何年もいなかった。だから杉田さんとか、青山繁晴さんもそうだけど、「暴走族」がやっと出てきてくれた（笑）。

杉田 それは、私も上手い采配だなと思うんです。私はそのために自民党に呼ばれたのかっていう気がします。というのは、この間も青山さんが、安倍総理にはいろいろとものをいう、電話もかける、と。でも、いつも自分からかけているだけで、安倍総理からかかってきたことは1回しかない。その1回は参議院に出てくれないか、という話だったというんです。山田宏さんもそうだし、私もそういう「1本釣り」で入っているんです。

小川さんがいう「暴走する役割」というか、そういう役割があって来たんだろうなって思います。総理とは当選してからはほぼお会いしてないし、もちろん個人的にお話しするなんてまったくないですけど。

自分でも、暴走と知りながらやめないし、そもそも、やめる気がない。このような心理をかつて、社会学者の大澤真幸は「アイロニカルな没入」と言った。分かりやすくいえば、「あえてです」「分かっていてやってます」と言いながら、意味がないと知りつつ、それにはまっていくことだ。

ナッジでいえば、カーブの標識が、実際のカーブより早く表示されていると知っているのに、それに従いハンドルを切るような状態だろう。しかも、この場合のナッジの目的はカーブの手前でスピードを緩めてもらうことにあるのに、あえて真っ直ぐの道でスピードを上げていることだ。

それは、環境に管理されるだけでなく、環境に管理された自分をもう一度「あえて、暴走できる自分」として内面化し直しているとさえいえる。

善意による支配は端的にはアイロニーの欠如である。（畠山弘文、前掲書）

「現実」は当事者に寄り添う方に向かっていない

本章冒頭で述べたように「当事者の身になってみろ！」は不謹慎厨の決まり文句だ。だが、彼らの発言が過激化する一方で、現実は、当事者の身に寄り添う方向にはなかなか変わっていかない。

たとえば、これほど男女が不平等に扱われているCMが話題になるのに、家事をする男性が増えてきたとはいえ、一六年の総務省の調査では、女性の家事時間は男性の七・五倍もある。もしも、女性が不当に扱われているのが許せないなら、CMの放映が中止になるだけでなく、もう少し実効性のある対策がとれないものだろうか？

たとえば、このようなCMが放映されるまでには、それぞれの企業で多くの決定プロセスがあるはずだ。それらの会議の男女の構成比を公表してもらうのはどうだろうか。もし、性別や年齢が偏っているなら、若い女性や、非正規雇用の人を入れるのもいいだろう。

また、そうしたCMを放映してしまう会社では、男女間の不平等が企業風土として温存されている可能性が高いのではないか。そうした企業に女性が枢要《すうよう》なポストに就くのを妨げる制度や慣習があれば、それを改善するのも効果的だ。男性社員の育児休暇を増やすのもいいだろう。男性社員が家事や育児をできるように定時帰宅を促すこともよい。一時的に子供を預けることができる託児システムを作るのも有効であろう。

これらは、政治的に正しいだけではない。企業にとっても、折角作ったCMが放映できなくなるようなリスクを避けられるし、先進的な企業イメージを作り出すこともできるのだから、メリットのあることだ。

バッシングの前にやれることがある

ノーベル経済学賞を受賞したダニエル・カーネマンは、『ファスト&スロー　あなたの意思はどのように決まるか？』（邦訳　早川書房、二〇一二）の中で、人間の思考を直感的で速い「システム1」と、論理的だが時間が掛かる「システム2」に分けた。個人と社会を一緒にすることには慎重でなければならないが、デモや署名、電話や手紙、SNSで抗議するのはシステム1に、選挙やロビイング、陳情などで働き掛けるのをシステム2に当てはめてみたらどうだろう。システム2を働かせることで、より有効に社会を変えることができるのではないだろうか。

性暴力被害を減らすのは、より深刻で難しい課題だ。ジャーナリストの伊藤詩織は、二〇一八年六月二八日BBCの番組（「Japan's Secret Shame〈日本の秘められた恥〉」）に出演し、都内唯一の性暴力被害者の支援センターを訪問した際の様子を報告した。伊藤は、彼女が被害を受けた直後に電話をしたが、直接来なければ相談を受け付けられないと言われたという。

この被害者支援センターは、東京都の人口約一三〇〇万人に対して、担当はたった二人で、性的暴行直後に法医学的な証拠を残すための「キット」も提供できていないという。また、日本の警察における女性の割合は約八パーセントで、伊藤が被害届を出した際も、男性警官に被害の詳細を証言しなくてはならず、さらに、複数の男性警官の前で警察署内の道場のマットに横になり、等身大の人形相手に事件を再現させられたことが話題になった。

性暴力を減らしたいのであれば、初動捜査が的確に行えるようにすることが必要だ。被害届を出しやすくすることは、検挙率を上げ、犯罪の抑止にもつながる。少なくとも、被害者の服装を尋ねる前に、私たちの社会がやるべきことは、まだたくさんあるはずだ。

「当事者の気持ちを考えろ」という声は溢れているのに、改善案や処方箋が実行されない。善意や正義感を動機にしているはずの「他人の身になれ」「当事者に寄り添え」「共感せよ」バッシングが、過激化し自己目的化していく。それは一体なぜなのだろうか。「共感する」ことはそんなにも難しいことなのだろうか。

共感できないとすれば、それはなぜで、何が妨げているのか。それより何より、「共感」とは何なのか、私たちはあまりにも知らな過ぎるのではないだろうか。次章では、そもそも「共感」とは何かについて、見ていくことにしよう。

第二章　「共感」という危険な感情

なぜ、「私」ではない他人の気持ちが分かるのか

そもそも、私たちは、どうして他人に共感できるのだろうか？　実は、「相手の気持ちがよく分かる」という共感力が、なぜ、人間に備わっているのかはよく分かっていない。誰もが掛け替えのない存在であるなら、人が他人の立場に立てないのは、むしろ当然だ。それだから、どれだけ愛していても、相手の気持ちが分からなくて苦しむのだろう。親ですら子供の気持ちは分からないし、同様に、子供にも親の気持ちは分からない。

「自分」という存在は他の誰とも違っている、この感覚は、何も自分が特別だということではない。私が、そのことを最初に実感したのは、小学校で給食を食べるようになったときのことだ。

いまから考えると、一体、何に自分がそれほど驚いたのか定かではない。みんなで、同じ方向を向いて、同じ物を一斉に食べることが、おかずが大きいバケツに入っていることも含めて、ちょっとしたカルチャーショックだったのかもしれない。しかし、それよりも驚きだったのは、級友たちが、気にする様子もなく給食を食べていることだった。

当時、もしも、私がショックを受けていることを理由に、彼らが私を揶揄《からか》っていたら、どうなっていただろう。先生が「堀内君の身になって考えなさい」と叱ったとしても、彼らには

「私の身になって考える」ことは難しかったことだろう。私も、そのときの気持ちを上手く説明できたとは思えない。給食のときに、このように感じた人は、実は、結構多かったことは後から聞いて知っている。その意味では、こうした感じ方は、少しも特別なことではない。でも、私は、「ああ、自分がどんな気分でいるか、他人には分からないのだな」と思った、あのときの感覚だけは忘れられない。

私たちは、他の人たちも自分と同じように、自分のことを「私」であると思っていると知っている。にもかかわらず、他の人の「私」が他でもない「この私」の「私」と違うことが分かっている。なぜ、そう思えるのか。

日常的に、私たちはそれを不思議だと思わない。だが、この感覚は思っているほど、当たり前なものではない。それは、自分のことを「この私」と感じられない統合失調症や「離人症（現実感消失症）」の人のことを考えてみると分かる。

そうした人たちの中には、自分の考えが自分のものとは思えず、「誰か別の人の考え」が自分の頭の中に入ってきていると感じる人もいる。コタール症候群の人は、「自分は死んでいる」と思い込み、「あなたは、こうして私と話しているではないですか」と医師が説明しても、「いやいや、私の脳は死んでるんです。精神は生きてますが、脳はもう生きてないんですよ」と述べるという。

このように自分を自分と思えないという感覚は、意識だけではなく身体にまで及ぶ。事故で手や足を失った人が、ないはずの手足が「ある」ように感じて、「ない」はずの手の痒みや足の痛さを感じる「幻肢」という症状が現れることがある。ちょうど、その反対に、現にある自分の手足が、どうしても自分のものとは感じることができず、切り離したいと思う、そればかりか、実際に切り離してしまう身体完全同一性障害（ＢＩＩＤ）という症例もある（『私はすでに死んでいる』アニル・アナンサスワーミー、紀伊國屋書店）。

確かに、私たちは、自分の足と他人の足を間違えたりはしない。それどころか、ここ何年も開いたことのないアルバムの色あせた写真の中から、躊躇《ためら》いなく自分を見つけることができる。私たちは、本当は、生まれてから一度も自分の顔を直に見たことはないのだから、よく考えたら、これは、とても奇妙なことだ。

普段、私たちは、少しもそれを不思議と感じない。そのくらい、「自分と相手とは違う」という感覚は、私たちにとっては自明のことだ。だから、私たちは、その当たり前のことをしばしば忘れてしまう。

「一人ひとりの経験の掛け替えのなさ」が持つ意味

もちろん、「自分と相手とは違う」と知ることとは、無関心でもかまわないということではない。どんなに努力しても、理解できないからこそ、私たちは、相手を理解しようとすることができるし、自分と違う他者に敬意を払うことが求められる。

たとえば、失恋した友人に「彼だけが男じゃない」だとか、事故で子供を亡くした親に「また作ればいいじゃない」などと言えば、なんて酷いことを言う、心ない人だと思われることだろう。理屈では、親といえども死んだ子供の気持ちは分からない。にもかかわらず、私たちは、子供を亡くした親が、そして、死んでしまった子供が、どんなに辛かったかを思うことができる。この場合の、掛け替えのなさとは、一体、どういうものなのだろうか。

政治学者の丸山眞男は、あるところで、こう語っている。

自分と同じ人間は二人といない――簡単にいえばこの自覚、というより驚きの自覚が精神的な自立の最後の核じゃないかと思う。

（『丸谷眞男座談5』岩波書店、一九九八）

丸山は、別のところでも、次のように述べている。それは、丸山が療養していたとき、厚生省が経費削減のために打ち出した、附添婦の廃止の方針に関して起きた事件についてのものだ。

それにしても、僕は今度の問題などを通じて、ひとの「身になって」みるということが現実にはいかに困難かをあらためて覚った。だから、現に僕自身、療養所の「外」の人に対してはいっぱし内側の住人として語っているけれども、一たび長期療養者や重症患者の前に立つと、この人々の生活の内面には、僕などのなまじっかな「同情」ではどうしても入り込むことのできない領域があり、その精神には到底外から体験できないリズムと起伏があるように思われて、自分の療養者としての発言がそらぞらしく感じられて来る。

（『丸山眞男座談6』岩波書店、一九九八）

この事件が丸山の思想に直接、どのような影響を与えたのかは、分からない。しかし、ハロルド・J・ラスキの『政治学範典』に触れて、「一人一人の経験のかけがえのなさ（uniqueness）ということを説いているのが、何かいままでより切実な重みを持って思い出される」と続けていることに照らせば、何らかの影響を及ぼしたのは間違いないようである。

人は、他人になることはできない。にもかかわらず、人は、自分のことでもない他人のことについて、まるで自分のことのように泣いたり怒ったりできる。それだけでなく、小説やマンガを読んで泣いたり、映画を見たり音楽を聴いたりして感動する。よく考えると、これはとても不思議なことだ。自分以外の人だけでなく、単なるインクの染みや光や音の信号に過ぎないものにまで、泣いたり怒ったり、笑ったりできる。

その一方で、私たちは「他人の気持ちになれ」「相手の立場になってみろ」と非難されるような行動も平気でできる。自分と関係のない赤の他人に同情し、空想の登場人物の行動に一喜一憂するのも私たちなら、友人や親きょうだいを冷たく突き放すのも同じ、私たちだ。一体、どちらが本当の私たちなのか。

信頼をもとにして群れることの合理性

太古の昔、私たちの祖先は二足歩行とともに、立体的にものを見る目と、声を出せる喉、大きな脳を持った。自由になった手で道具を使うこともできるようになったが、筋力では肉食動物に勝てず、足も速くなく、鋭い牙も爪も持たない彼らは非力だった。しかも、様々なことを可能にした脳は、他方で、その維持に多大なコストを必要とした。

そこで、彼らは「群れる」ことをおぼえた。リアルな弱肉強食の世界では、そうしなければ、生き延びることができなかったからである。子育てに時間がかかる上に、一日のおおよそ四分の一もの時間を眠らねばならない彼らにとって、群れることは都合が良かった。実際、霊長類学者のダンバーやバーンらによれば、類人猿の理性を司る脳の新皮質の大きさと、群れの大きさは比例し、さらには、同じ規模の群れでも、個体同士が社会的な競争や協力をする群れでは、その群れに属する類人猿の新皮質は大きくなる傾向があるという。

群れの中では、誰か一人でも自分勝手なことをすれば、群れ全体がリスクを負うことになる。群れ同士の生存競争では「自分さえ良ければいい」では滅びてしまう。仲間を思いやらねば、生き残れない。それが、厳しい弱肉強食の世界の現実だ。それは、たとえボスでも、ボスの家族でも同じである。ボスが自分の身内だけを贔屓《ひいき》していたら、そんな群れは競争に負けてしまう。先に、私たち人類は、グループ内の裏切り者を見つけるのに敏感だという話をしたが、リーダーやボスが、群れの中の様子を気にするのは、そういった理由がある。

これは、昔の話に過ぎないだろうか。だが、この原則が現代でも生きていると考えられる確かな根拠がある。シリコンバレーで企業をスタートアップする際に、一番大切だとされる要件は何か。潤沢な資本や新しいビジネスモデル？　先端的な技術？　実は、それ以上に大切なのは、「絶対に裏切らないと信じられる仲間」だといわれているのだ。

一人の人間が事業に使うことのできる資源《リソース》は限られている。だとすれば、裏切りを心配する必要がない方が、心配しながら事業を進めるよりも有利なのは当然だ。いまではトランプ大統領を支持したことで有名になってしまったが、PayPal の共同創業者で、まだ海の物とも山の物ともつかない時期のフェイスブックに投資して、大成功したピーター・ティールが、創業した際に選んだのは、スタンフォード大学時代に一緒に学生新聞を創刊したメンバーだった。「信頼」できることは、現代のビジネスでも相変わらず有効なのだ。

人は無限には共感できない

人は、他人のことを自分のことのように思うことができる。しかし、仲間とそれ以外では、仲間を優先する。人間は無限に共感できるわけではないのだ。私たちは、親きょうだい、親戚、友人、顔見知りの人、同胞といった自分たちと共通点の多い人には共感を抱きやすい。他方で、そうでない人たちには、それなりにしか共感できない。こうした共感の癖（郷党性）のことを「スポットライト効果」と呼ぶ。ある対象に、光が当たるとき、それ以外のものは見えなくなってしまうからだ。

このことを、端的に示した実験がある。デボラ・スモール、ジョージ・ローウェンスタイン、ポール・スロヴィックが行った著名な実験だ。彼らは、二つの説明を並べて、どちらがより多く、アフリカへの食糧支援の寄付を集めたのかを調べた。彼らが並べたのは、次のような説明文だ。

「あなたが寄付をすれば、ロキアというこの写真の女の子の命を救うことができます」

「マラウイでは３００万人を超える子どもたちが食糧不足に苦しんでいます」

結果は、ロキアという少女に焦点を当てた前者が、三〇〇万人という統計的な数字を示した後者をはっきりと上回った。これは、「身元が分かる被害者効果」として知られている。紛争地で活動するＮＰＯや国連の広報で、いかにもという可憐な少女や餓えた子供の写真を見ることが多いはずだ。

もちろん、現実には、憎たらしい顔のおじさんや皺《しわ》だらけの老婆も困っていることに変わりはない。むしろ、可憐な少女や餓えた子供ではない、そのような人たちこそ救われなくてはならない人々の大半だ。にもかかわらず、そうした人々の写真が使われないのは、寄付金が集まらないという事実があるからだ。

共感を道徳にするのはなぜ不適切なのか

人には、共感しやすいものに共感してしまう癖がある。そのこと自体は人間にとって、ごく自然なことであるように思える。だが、問題は、先にも述べた「スポットライト効果」だ。ある対象にだけ光が当たると、それ以外のものは見えなくなる。飢えて可憐なロキアには共感することができても、同じように救われなくてはならない大多数には関心が寄せられない。だから、ポール・ブルームは、著書『反共感論―社会はいかに判断を誤るか』（邦訳　白揚社、二〇一八）で、「共感は道徳的指針としては不適切である」と述べる。

では、どうすればいいのだろう。

私たちは直観力を備える一方、それを克服する能力［＝理性的熟慮の能力］も持つ。道徳問題を含めものごとを考え抜き、意外な結論を引き出すことができるのだ。ここにこそ人間の真の価値が存在する。この能力は、人間を人間たらしめ、互いに適正に振舞い合えるよう私たちを導いてくれる。そして苦難が少なく幸福に満ちた社会の実現を可能にする。

（ポール・ブルーム、前掲書）

「感じるより考えよう」。その通りだ。だが、そもそも、理性がそんなに都合良く働いてくれないことが問題だったのではないのか。どうすれば理性は働いてくれるのか、それが問題だったはずだ。たとえば、なぜ、私たちは被害者の立場だけを理解し、加害者の立場には無関心なのか？

それは、被害者が可哀想で、加害者が憎らしいという感情だけの問題なのだろうか。もしかしたら、感情が共感しやすいものに共感するように、理性も理解しやすいものを理解する傾向がありはしないか。

人は共感するほど罰したくなる

もう一点、共感が引き起こすものについて考えよう。

悲惨な事件が報道される度に、キャスターやアナウンサーが繰り返す言葉がある。「考えられません」「信じられません」「理解できません」。眉間に皺を寄せた険しい顔でそう話す。確かに、あまりにも痛ましい事件を前にして、言葉を失ってしまうことはある。けれど、それと理解しないということとは別ではないか。

加害者に対し、被害者やその関係者が「自分の気持ちを理解してほしい」と言う以上に、「自分が受けたのと同じような痛みや苦しみを味わってほしい」と思うのは、無理もない感情といえる。しかし、こうした「目には目を、歯には歯を」という「同害報復原理」は、近代法では認められていない。個々の事例を一般化しなければ、同様の被害が起こった際に、裁定が不公平になってしまうからである。近代法とはそういうものだ。

けれども、そのために、被害者はかえって自分の気持ちや経験を否定された、侮辱された、と感じてしまうということは、あり得る。彼らが問題にしてほしいのは、掛け替えのない「この私」が受けた痛みだからだ。それを抜きに、判例に基づいた「懲役○年」という判決だけが下されても、被害者の心中に「納得できない」という割り切れない思いが残ることは、多くの人が了解できるだろう。被害者側は、何よりも「この私」の「この苦しみ」を想像し、同じ苦痛を感じることを加害者に求めているのである。

では、被害者ではない、私たちまで一緒になって、罰したいと思ってしまうことはどう考えたらいいだろうか。

太平洋諸島の複数の島民を比較した人類学の調査によると、一定の規模以上の大きさの集団においては、ある特定の決まりに違反した者より、「あいつが可哀想だ」という感情に基づく制裁の方が、より働きやすいことが分かっている。つまり、共感する人ほど罰したがるというわけだ。

コストを掛けてまで他人を罰したい心理

こうした、他人を罰したいという気持ち（懲罰感情）についての興味深い実験がある。行動経済学者のフェアとゲヒターによる「公共財ゲーム」だ。このゲームでは、毎回四人の参加者が決まった額の元手を与えられる。参加者は誰とも相談せずに、元手の中から好きな額だけ供出できる。そして、参加者たちが供出した総額を二倍にした額が、参加者全員に均等に分配される、ということになっている。

計算が分かりやすいように、いま元手は、一〇円だということにしよう。合理的に考えれば、全員が一〇円すべてを提供すれば、一〇円×四人＝四〇円になり、さらに二倍するので八〇円になる。これを四人で分ければ一人当たり二〇円だから、元手の倍の額を得ることになる。この実験のポイントは三つある。①自分が元手を提供しなくても利益を得ることができるということ、②自分が元手を提供していないことを誰にも知られないこと、③提供しなくても罰がないこと、である。

つまり、仕組みが「ただ乗り《フリーライド》」したくなるようになっているわけだ。実際、繰り返していると、徐々にフリーライドする人間が増えてくることが分かっている。私たちは、元手を提供すれば倍になって返ってくるという長期的な利得よりも、一時的にせよ、自分の元手が減るという短期的な損を避けようとするのだ。

そこで、フェアたちは、罰を加えられるようにルールを追加した。参加者は誰でも、一定のコストを払えば、分配が終わった後で、疑わしい参加者が元手を提供したか否かを調べられるようにしたのだ。調査の結果、フリーライドしていることが分かれば、その相手からコストの二倍の金額を罰金として取ることができる。ただし、罰金は疑いを指摘した参加者の取り分にはならない。

興味深いのは、このルールが加わっただけで、フリーライドする傾向に歯止めがかかり、回を重ねるごとにさらに改善したことだ。罰を加えられる「かもしれない」というだけで、参加者の行動が変わったことになる。それだけでなく、参加者の八四パーセントが実際に新ルールを使ったのだ。

つまり、罰ありの新ルールの下では、短期的にはコストが掛かるだけで、自分に罰金が入るわけでもないのに、罰する方を選んだのである。彼らは、なぜ、そうしたのか？　罰が「はったり」ではなく実行されるということを示した方が、フリーライダーが減ると判断して、長期的な利得のためにコストを掛けて摘発したのだろうか？

そこで、フェアたちは新しい実験を思い付いた。ゲームのプレイヤーとは別に、ゲームを観覧するだけの第三者が、不正を摘発できるようにしたのだ。この観察者は、そもそもゲームに参加していないので、不正を摘発しても利益を得ることはない。にもかかわらず、少なくない数の第三者が、わざわざコストを掛けて熱心に摘発を行ったのだ。

さて、それでは、私たちは他人を罰すること自体が好きなサディストなのだろうか、それとも、自分とは直接関わりのない不正にも怒りを燃やす正義の味方なのだろうか。

正体は「自分と同じように感じろ」という同調圧力

受験をした人は、国語の現代文に、「このときの主人公の気持ちとして、適切と思われるものを選びなさい」という設問があったことを覚えているはずだ。このとき、本気で、本当に登場人物の気持ちを考えようとすれば、試験では不利に働く。受験で必要とされるのは、論理的におかしな選択肢を取り除くテクニックだからだ。「他者の気持ちを理解する」「相手の身になって考える」のはとても素晴らしいことだが、少なくとも受験国語で求められているのは、他人の気持ちを自分のことのように感じることではなく、試験問題の正解なのだ。

そのことを間接的に示したエピソードがある。『海と毒薬』『沈黙』といったキリスト教を主題にした作品で知られる小説家の遠藤周作は、あるとき、中学生から自分の作品を使った試験問題を送られた。試験で「作者の気持ちとして正しいものを選べ」という出題がされたのだという。その中学生は、「作者の気持ち」は「作者」本人に聞くのが一番だと思い、試験問題を送ったのだ。

ところが、遠藤は、四つある選択肢から二つまでには絞ったものの、どちらが正解かどうしても分からない。仕方がないので、試験問題を作った会社に電話して、「作者ですが」と言って答えを聞いたというのだ。むろんこれは、事実というよりも、狐狸庵名義のエッセイでも知られる作家らしい創作であろう。本人にも分からない作者の気持ちが読者に分かるはずがない、そもそも人の気持ちに正解などない、ということを上質のユーモアで伝えている。

「他者の気持ちを理解する」ことは、もちろん現実社会においても求められる。現実の社会で「相手の身になってみろ」「当事者の気持ちが分からないのか」と言われるときには、試験問題よりはるかに複雑な、何重にも重なった、言っている人の意図や背景を読まなければならない。

だが、当事者の身になれとか、その人の身になってみろ、と言っている人は、共感せよと言っているのではなく、国語の試験問題と同じように、「正解」を探せと言っているに過ぎないのではないだろうか。

さらに意地の悪い見方をすれば、それは結局のところ、言っている本人たちにとっての理想の当事者（＝共感・同一化しやすい当事者）に共感しろ、とか、言っている本人たちと同じように共感しろと要求しているだけかもしれない。

しかも、この場合、国語の試験と違って第三者たる採点者はいないから、要求する側はいくらでも「当事者の気持ちになっていない」と言い募ることができる。それはすなわち、自分と同じように感じるべきだという同一化の押し付け、「同調圧力」に他ならない。

先にも挙げた通り、まさに「道徳的価値が伝達されるのみならず、これと異なる『誤った』（非現実的）考えは矯正されなくてはならない」（畠山弘文、前掲書）というわけだ。

「自分はどうされてもかまわない」という人にどう対峙するか

伝統的にリベラリズムでは、相手の身になって考えることが、良いことだとされてきた。相手と自分の立場を入れ替えてみて、自分が耐えられないようなことは相手にもしてはならない。「自分でもどうしようもないことを理由に、差別されたりするのはあなたも嫌でしょう、だから、そのようなことは他の誰にもしないでください」（「己の欲せざるところを他人に施すことなかれ」）というわけだ。

大抵の場合は、これでいい、私もそう思う。ただ、一つだけ例外がある。自分はどうされてもかまわないから、他人にも好きなようにさせてもらう、という人間が出てきた場合だ。

まさか、そんな人がいるはずがない、そう思うかもしれない。しかし、果たして、それは、そんなにも確かなことだろうか。社会そのものに恨みを抱いているとしか思えないような犯罪者、たとえばテロリストのような場合はどうだろう。難しいのは、彼らにどう対処するかだ。死刑のような厳罰で臨んでも、そもそも自分はどうなってもいいと思っているのだから、効果はほとんどない。だからといって、彼らの要求に従うわけにはいかない。

そういう人に対して、私たちの社会は何ができるだろう。「君は、この世界にとって掛け替えのない存在」だと言って説得する？　そのような説得が通じる人間なら、そもそもテロリストになることはない。自分を必要としてくれる人間を周囲に持たず、自分がいくらでも替えのきく人間であることを嫌というほど思い知らされた結果、人はテロリストになるのではないか。

ジハーディ・ジョンがテロリストにならない道はあったのか

ジハーディ・ジョンと聞いても、もう、誰も彼のことを覚えていないかもしれない。だが、二〇一五年二月に湯川遥菜さんや後藤健二さんたちが、シリアで拉致され殺害されたとき、オレンジ色のジャンプスーツを着て手を縛られ、跪《ひざまず》く彼らの横にいた、覆面をした黒ずくめの男と言えば、どうだろうか。『ジハーディ・ジョンの生涯』（邦訳　文藝春秋、二〇一六）は、事件の五年前に、まだテロリストになる前の青年・モハメド・エムワジにただ一人接触したジャーナリスト、ロバート・バーカイクによるルポルタージュだ。

青年は、クウェート難民の息子として西ロンドンで生まれた。一〇代の頃、不良グループに入って大麻を吸うなどしたことはあるものの、おおむね物静かで勤勉な少年だったという。一〇歳の頃の夢はサッカー選手、好きなチームはマンチェスター・ユナイテッドだった。

彼の人生は、左翼系のウェストミンスター大学に入学してから急変する。属していたグループのメンバーが、たまたま、イスラム原理主義者と接触していたことから、彼まで当局に目をつけられてしまったのだ。結局、その疑いはすぐに晴れた。だが、今度は、スパイになるようにという当局の要請を断ったために、以前よりもさらにマークされる。そのため、二度の婚約にも失敗し、仕事も失い、渡航さえ制限されてしまう。とにかく、何をやっても上手くいかない、何かを選ぶ度に悪い方に向かっていく様子は読んでいて、息苦しくなるほどだ。

イスラム国に流れた若者には、社会に認められていない、疎外されている、しょせん自分は外国人だというような、共通する心情はあったのだろうが、そうした心情は彼らに限ったものではない。それぞれ自分なりの理由があって、イスラム国に入ったようだ。そこでは何か新しいことに参加できる、「何者か」になれる、冒険できる、帰属感が得られる、アイデンティティと目的が得られる、チャンスのない息が詰まりそうな環境から逃れられる、といったことが魅力的だったのだろう。多くの場合、自分を変えたいという個人的な欲求と関係があったようだ。

（ロバート・バーカイク、前掲書）

著者のバーカイクは、単なる「テロリストになるしかなかった青年」の評伝であるだけでなく、「もしもあのとき、彼の訴えを伝えていればその後の彼の生き方を変えられただろうか」という著者自身の物語、さらに、テロを防ごうとする試みが、テロリストを生み出してしまう社会を重層的に描くことに成功している。

「テロリストになるしかなかった」というのは結果論であり、事後的にはすべて必然に見えてしまうという傾向（認知バイアス）が生み出す「間違い」に過ぎない。実際には、無数の回避できるチャンスがあったはずだ。しかし、むしろ、そうであるからこそ、なおのこと、元々交換できるはずのない「掛け替えのない」個人を代替可能なテロリストにしてしまった、という思いが、「モハメド・エムワジは殺されても、ジハーディ・ジョンの替えはいくらでもいる」という最後の一節に集約されている。

共感しやすい人はケアの仕事には向かない？

私たちは、他人を思いやることのできる、共感できる利他的な人ほど、医療や公的な仕事に向いていると考えがちだが、それは本当だろうか？　たとえば、他人のことを自分のことのように感じる、共感する傾向の強い純粋に利他的な人と、他人の役に立っていること自体に価値を見出し、他人の役に立っている自分が好きだというタイプの人では、どちらが看護師に向いているだろうか？

他人を思いやるという観点からすれば、前者の純粋に利他的な人ほど看護師に向いていることになるはずだが、一見すると、自分探し系のように思われる後者の方が、むしろ看護師に向いている、ということを示した研究がある。

経済学者の佐々木周作によれば、現場の看護師の間では、前者の純粋に利他的な人は、看護師に向いていないと思われているという。そうした過度に感情移入しがちな共感タイプの人が面接を受けに来た場合は、「少し気を付ける」のが、医療関係の採用担当者の間では常識であるそうだ。というのも、彼らは、往々にして、個々の患者に入れ込んで振り回されてしまい、燃え尽きてしまうからである。そうした看護師は、病院のルールや看護業務の範囲を上手く説明できなかったり、患者が嫌がるため必要な処置や対応を取れなかったりするという。

佐々木たちは、純粋に利他的な共感性と区別される、ウォーム・グローという別のタイプの共感があることを指摘する海外の研究を紹介しながら、次のような仮説を立てている。

純粋に利他的な看護師は、患者の喜びを自分の喜びとして感じ、患者の悲しみを自分の悲しみとして感じてしまう。だから、患者の死や症状の悪化に直面したときに、患者の状態と連動して看護師自身のメンタリティまで悪化してしまうのではないか。

（大竹文雄・平井啓編著『医療現場の行動経済学――すれ違う医者と患者』東洋経済新報社、二〇一八）

考えてみてほしい。患者の痛みを自分のことのように共感するあまり、メスを握る手の震えが止まらない外科医に手術してほしいかどうかを。あるいは、被害者の苦しみに同感するあまり、やたらと犯人を拳銃で撃ってしまうような警察官に、近所をパトロールしてほしいかどうかを。

当事者に同一化するのではない共感のあり方とは?

こう考えてみると、当事者に寄り添うとは、強い思い込みで当事者に同一化することではないことが分かる。

それはむしろ、簡単には分からない他者と、適切な距離を取ることに他ならない。そもそも、当事者も「寄り添ってほしい」と思っているとは限らない。人は「分かってほしい」というだけでなく、時に「そんなに簡単に分かられても困る」とか、「お前なんかに何が分かる」とも思うものだ。大体、自分の気持ちでさえよく分からないのに、他人に分かったふりなんてされたくない、そう思うのが「人の気持ち」というものだろう。共感できない場合には、客観的な数字や、学問研究における理解のされ方を示された方が、まだマシではないだろうか。

自分自身の利害と関係なく不正を許せないと感じるのは、私たちの長所だ。だが、そのあまり、「反省せよ」と言いながら、実際には「後悔せよ」(懲罰感情)と加害者に迫ったり、さらには「被害者と同じくらい傷付」かないと不公平に感じたりする(公正社会原理)のは明らかに行き過ぎだ。確かに、被害者からすれば、心情的に許せないという気持ちはよく分かる。しかし、私たちまで一緒になって加害者を責めることはない。加害者と社会にとって必要なのは、「反省」であって、後悔や自傷ではないのだ。

私たちは、いかにも反省している、分かりやすい加害者像などを求めてはならないし、また、それに満足すべきでもない。公正社会原理から生まれた懲罰感情が、加害者だけでなく被害者さえ傷付けることは、第一章で述べた通りだ。もしも、本当に社会の公正を望むなら、被害者はもちろん、加害者や、その家族を、どうすればもう一度社会に受け入れられるかについて、考えなくてはならない。

テロリストになってしまったジハーディ・ジョンに、自分を「掛け替えのない存在」と思ってもらうことはできなかった。だが、私たちにも、できることはある。

「死刑になりたかった」「誰でもいいから殺したかった」「人を殺して何が悪いんですか」、そうした言葉を耳にする度に、私たちは「信じられない」「理解できない」「異常だ」と繰り返してきた。彼らの言葉に理解を示すことは、彼らの行動の肯定につながるかのように考えて全面的に拒絶してきた。

しかし、本当にそれでいいのだろうか。彼らが言っているのは、「お前に何が分かる」「簡単に、分かってほしくなどない」ということではないのだろうか。そのような彼らの真意を理解しようとすることが、犯罪やテロを肯定することにはならないはずだ。

第三章 依存症と官僚制

分かっているけど、やめられない

前章では、共感という厄介な感情について、どう対処したらよいかを検討した。なにかと拗《こじ》らせがちな感情だが、では、理性によって、合理的に判断すればよいかというと、そうともいえない。私たちの理性には、理解しやすいように物事を理解するだけでなく、理解したいように理解してしまう、という困った性質があるからだ。理性と感情のバランスが大事なのは無論だが、そんなことができるなら、誰もがとっくにしているはずだ。

それでは、強い意志の力があれば、感情と理性の対立を乗り越えられるのか？ 残念ながらそうではない。これが、この章で述べたいことだ。つまり、強い意志は、感情と理性を調停するどころか、むしろ問題を引き起こす場合がある、ということだ。これについて検討するために、本章で取り上げる対象は、依存症と官僚制の二つだ。意外な組み合わせに思えるかもしれないが、この二つは密接に関連している。

楽園ネズミと植民地ネズミ

一九七八年、サイモンフレーザー大学のブルース・アレクサンダー博士たちは「ネズミの楽園」と呼ばれる有名な実験を行った。彼らは、三二匹のネズミをランダムに居住環境の異なる一六匹ずつの二つのグループに分け、一方のグループは、一匹ずつ金網でできた檻の中に（「植民地」）、もう一方は、広い場所に雌雄が一緒に入れられた（「楽園」）。

楽園の広場の床には、巣を作りやすくするために常緑樹のウッドチップが敷き詰められ、いつでも好きなときに食べられるように、十分なエサが用意された。そして、ネズミ同士で接触したり交流したりできるように、所々、箱や缶が置かれ、隠れたり遊んだりできるようにした。博士たちは、この両方のグループに、普通の水とモルヒネ入りの水を与え、五七日間観察した。博士たちは、モルヒネを溶かした水は、そのままでは苦くてとても飲めないので、砂糖を溶かして飲みやすくしておくことも忘れなかった。

その結果は、次のようなものだった。檻の中の植民地ネズミは、頻繁にモルヒネ水を飲んで一日中、酩酊していたのに対し、広場の楽園ネズミは、他のネズミと遊んだり、交尾したりして、モルヒネ水を飲もうとしなかったのだ。そこで、博士たちは、中毒になった植民地ネズミに、途中から砂糖抜きの、苦いモルヒネ水を与えてみた。それでも、植民地ネズミは、苦いモルヒネ水しか飲まず、普通の水を飲もうとはしなかった。

実験には続きがある。博士たちは、檻の中でモルヒネ水を飲んで酔っ払ってばかりいた植民地ネズミの一匹を、今度は、楽園ネズミのいる広場へと移した。すると、そのネズミは、広場の中で楽園ネズミたちと交流し、じゃれあって遊ぶようになった。さらには、このネズミは、モルヒネの離脱症状である痙攣《けいれん》などを示しながらも、最終的にはモルヒネ水ではなく、普通の水を飲むようになったのだ。

この実験から、何が分かるだろうか？　依存症と官僚制を取り上げると言ったので、気の早い人は、かつてヴェーバーが資本主義について述べた言葉を思い出すかもしれない。

将来この鉄の檻の中に住むものは誰なのか、そして、この巨大な発展が終わるとき、まったく新しい預言者たちが現れるのか、あるいはかつての思想や理想の力強い復活がおこるのか、それとも――そのどちらでもなくて――一種の異常な尊大さで装飾された機械化(i)的化石化がおこるのか、それはまだ誰にも分からない。

（マックス・ヴェーバー『プロテスタンティズムの倫理と資本主義の精神』岩波文庫、一九八九）

あるいは、また、マルクスの論文「ヘーゲル法哲学批判序説」における「宗教上の不幸は、一つには現実の不幸の表現であり、一つには現実の不幸にたいする抗議である。宗教は、悩める者のため息であり、心なき世界の心情であるとともに精神なき状態の精神である。それは民衆のアヘンである」（『ユダヤ人問題によせて　ヘーゲル法哲学批判序説』岩波文庫、一九七四）という言葉を思い浮かべるかもしれない。

それでも、やはり、ネズミの話を人間に結び付けるのは、飛躍があると思う人もいるだろう。ネズミと人間の差は遺伝子的に見ればさほど大きくないにせよ、資本主義や宗教を持ったネズミはいないのだから。ここでは、資本主義や宗教といった大きな事柄について話す前に、少しばかり身近なところから始めてみよう。

実現しなかったケインズの予言

少し前から、ＡＩが人間を超えるだとか、そのために仕事がなくなるということが話題になっている。しかし、そうした議論の多くは、人間の能力の一部を取り出して、それを、まるで「人間」そのものであるかのように見なして、機械が人間に勝った、いや人間の方がまだ機械より優れている、と言っているに過ぎない。

そもそも「人間とは何か」が十分に定義されていないのに、人間を超えるとか超えないとか

i──初版では「中国的化石化」となっていた。

言うのは、論理的にはナンセンスだ。それよりは、こうした議論が必要とされる社会的な背景や、歴史的文脈を考える方が、まだ実りが多いはずだ。

将棋やチェスももちろん素晴らしいが、戦争やテロ、環境汚染や差別、難民の受け入れや富の格差、ヘイトスピーチを減らすことについて、AIを社会に実装することで何が可能かを考えてもよいだろう。実際、機械と人間の対決となると、チェスや将棋、囲碁といった、元々神意を占う盤上遊戯になるのはどうしてなのか、超能力者が曲げるのが、いつも決まってスプーンであるのと同じくらい不思議なことだ。

経済学者は、社会学者と同様に、しばしば、当たらない予言をする人だと思われている。一九三〇年、ちょうどルーズベルトによるニューディール政策が行われ始めた頃だ。経済学者ジョン・メイナード・ケインズは、二〇三〇年までには、技術の発展によって英米のような自由主義の先進国では、一日三時間だけ働けばよくなり、週一五時間労働が達成されるだろうと予言した。ところが、実際には、そうならなかった。どうしてか？

二〇世紀に次々に生まれたウンコな仕事

社会人類学者のデヴィッド・グレーバーは、その著書『Bullshit Jobs: A Theory（ウンコな仕事――いらない仕事の理論）』（Allen Lane、二〇一八）で「技術は、むしろ、もっと人々を働かせるために利用され、くだらない無意味な仕事が次々と生み出された」と主張している。

グレーバーによれば、二〇世紀に増えたのは管理系の仕事だ。新しい情報関連産業である金融サービスや、テレマーケティングなどが創出されただけでなく、専門職、管理職、事務職、販売職、サービス職といわず、会社であれば法務、大学の管理や健康管理、人事、広報など、広い意味での管理部門が膨れ上がったというのだ。彼の意見では、受付係やドアマンは、顧客に自分が重要な人物だと思わせるために存在している「太鼓持ち（Flunkies）」なのだそうだ。さらには、雇われて攻撃的に活動するロビイストや企業弁護士、広報担当は「雇われ暴力団員（Goons）」、中間管理職は「ムダな仕事製造係（Task Makers）」だと評するのだから、手厳しい。

グレーバーが不要だという職業が、本当に不要かどうかはともかく、彼は二つ重要な指摘をしている。一つは、保育士や看護師といった、彼に言わせれば「意味のある仕事」をしている人の賃金が低過ぎること。もう一つは、こうした社会システムが「悪い」資本家や政治家などによって意図的に設計されたわけではなく、無策によって出現したということである。

さらに興味深いのは、こうした「ブルシット・ジョブ」（くだらない意味のない仕事、どうでもいいクソ仕事）が本人たちにとっても、そのように思われているという指摘だ。グレーバーによると、イギリスの有力な調査会社 YouGov の調査では、労働者の五〇パーセントは「自分の仕事が有用だ」と考えている一方、「社会に対して意味のある貢献をしているとは思っていない」が三七パーセント、「わからない」が一三パーセントという回答結果であったという（「アナキズム、仕事、そして官僚制――デヴィッド・グレーバーへのインタビュー」『現代思想』二〇一八年六月号）。

ここで、問題にされているのは、膨大な書類作りなどの事務仕事だ。彼の主張に首を傾げる人も、管理するための仕事が増えて書類ばかり作らされている、という現状認識には同意するのではなかろうか。グレーバーは、こうした大量の書類作りを「全面的官僚制化」（『官僚制のユートピア――テクノロジー、構造的愚かさ、リベラリズムの鉄則』邦訳　以文社、二〇一七）と呼んでいる。

「官僚制が非効率だ」とか「非人間的で融通が利かない」といったタイプの官僚批判は、これまでも繰り返し行われてきた。ここで考えてみたいのは、どうして、そうした批判にもかかわらず、官僚制はいっこうに改善されないのか、ということだ。

「母性による支配」とはどんな支配か

畠山弘文『官僚制支配の日常構造――善意による支配とは何か』について、たびたび言及してきた。私たちは、権力というと、霞が関の官庁や永田町の政治家のような、如何にもといった権力か、さもなければ戦争や災害といった例外状態をすぐ考えてしまう。だが、権力とはそればかりではない。日常のどんなところでも働く。それが権力だ。

同じように、私たちは官僚制といえば、すぐに典型的な、いわゆる官僚を考えてしまう。出世と保身しか考えない冷たいニヒリスト、あるいはワイロを貰うことしか考えていない俗物、さもなければ城山三郎の小説に出てくるような熱血漢というわけだ。

しかし、政治家であれ、官僚であれ、私たちと同じ人間だという事実から始めなければ、普通で当たり前の議論などできない。そもそも、官僚制度＝ビューロクラシー（bureaucracy事務作業、運営）が示す範囲は、グレーバーも言っている通り、私たちが思うより広い。

では、「善意による支配」とは何か。畠山弘文は、こう述べている。

それは、クライアントに対する善意に基づく将来の計算的な選択の強制として現れる。「選択の自由」への介入と強制は、しかし、善意の自己運動によって意識されることが少なく、赤裸々な権力行為とみなすことも妥当とはいいにくい。それはむしろ「特定の定義がその状況を管理している」（ゴフマン）といったような状態、つまりゲームのルールについての解釈をおしつけるというようなものである。

（畠山弘文、前掲書）

こうした「善意による支配」は、今日では、テクノロジーによって日常の中に組み込まれている。それによって、見たいものしか見ないというフィルターバブルという問題が生じていることはよく知られている。レコメンデーション・システムや、Siri や Amazon Echo を思い浮かべてもらえばよい。そして、ゲームのルールの解釈の押し付けは、押し付けと感じさせないほど自然に行われている。その意味では、かつての父性的な温情主義（パターナリズム）に対して、母性による支配（マターナリズム）が進行中だといえるだろう。

「市場」「国家」の仕組みを守る手段としての「貨幣」「法」

前章の、私たちの祖先が「群れる」ようになったという話を思い出してみてほしい。群れの規模が四〇〜一五〇人、一六〇人なら名前と顔も一致するかもしれないが、それ以上、数が増えて大きな群れになると、そうも言っていられない。群れはただ乗り《フリーライド》を嫌うという話は何度もしてきた通りだ。フリーライドされないためには、仲間の裏切りを避けるための工夫が必要になってくる。

そこで、私たちの先祖は、次の二つの仕組みにたどり着いた。ここでは、それらを仮に「市場」と「国家」と名付けよう。市場はとてもシンプルだ。ズルをしない限り、どこの誰であっても公平な取り引きを行うことができる。あいつはどこの生まれだとか、女だとかというだけの理由で取り引きしなければ、損をするようにできている。利害損得の世界、それが「市場」だ。それに対して、国家は、メンバーであるか否かだけが問題だ。いったん、仲間であると認められると手厚く守られる。国家が市場を守り、市場が国家を豊かにする。その手段が「貨幣」と「法」だ。

何が最初の「貨幣」なのかについては、専門家の間でも意見が分かれている。世代によっては、余った生産物で物々交換をしていたが、段々、それでは不便になってきたので、いつでも使えるようにお金が生まれたという説明をされた人もいるだろう。巨大な石のお金が、子安貝や素材が希少な貴金属の貨幣になっていく、という写真入りの図解を見た人もいるはずだ。けれども、近年、必ずしもそうではない、ということがいわれている。もし、徐々に進歩して、いまのような貨幣になったとすると、当然、その中間の形のお金があったはずだが、未だに、それらしいものが見つかっていないのだ。

そこで、貨幣の進歩説の代わりに、有力になりつつあるのが、最初から信用に基づく貸し借りが行われていたという仮説だ。一冊のノートを想像してほしい。一方の欄には「貸し」が、もう一方には「借り」が記録される。それが、信用の交換というわけだ。私たちが見た巨大な石のお金は、その信用を裏付けるものでしかない。

ある島の言い伝えでは、誰が石のお金を持つかを巡って争いが起きた結果、石のお金を海の底に沈めることにしたという。それ以降は、海の底にある（はず）のお金に基づく信用によって、平和に経済活動が行われるようになったというのだ。少しでき過ぎた話ではある。この信用による貸し借りには、お金の出入りを記録する人がいた方が、都合が良い。そうした専門化、分業化を官僚制の誕生と考えるなら、官僚制の歴史も貨幣の歴史とともに人類にとって古いものだということになる。

それでは、「法」はどうだろうか。私たちは、加害者よりも被害者に共感しやすく、懲罰感情というものも持っている。そのため、「法」は、共感の過剰を抑えるために機能してきた。それは、ある程度以上の規模になった共同体では、被害者への共感が過剰になり、懲罰感情を暴走させないように、加害者を「人間」として公平に扱うための知恵だ。

「目には目を、歯には歯を」で有名な、ハンムラビ法典は、同害報復の原理（lex talionis 損なわれた分だけ、損ない返す）の例として取り上げられる。しかし、実際には、父を殴った場合は、その腕が切り落とされ、奴隷が自由民の頬を殴れば耳を切り落とす、といった規定があることが分かっている。これは、現代においては「野蛮」に見えるかもしれないが、報復が加害者の親族や地域にまで及ばないようにする、という点では合理性がある。

加害者を罰するだけではなく、加害者の家族に公開の場所で謝罪させないと気が済まない、わが国の犯罪報道の様子を見れば、ハンムラビ法典を「野蛮」だとは笑えない。

実際、現代法律学では、「強者が弱者を虐げないように、正義が孤児と寡婦とに授けられるように」とあるように、女性や奴隷の権利を認めていた点や、前もって罪を決めておく罪刑法定主義が定められていたという点で、ハンムラビ法典が注目されている。さらに、現在の国際金融機関の統一基準である、銀行の自己資本比率や流動性比率を定めた記述まであったことが分かっている。

官僚制はなぜ生き残るのか

人間は、感情的な動物だ。他人のことでも、それを自分のことのように共感できてしまう。それは、規模の大きくなった「市場」や「国家」を動かしていくのに役立つ能力だった。だが、ボスやリーダーが共感能力を発揮して、その都度裁量し判断している社会は、法治社会ではなく「人治」社会と変わらない。

人治主義には、ボスやリーダーの人格や能力に左右されやすく、機嫌のいい・悪いで判断が左右されかねない（属人的）という欠点があるし、「お前のためを思ってやっているんだ」という「温情主義（父性による支配、パターナリズム）」や、身内だからという「縁故主義（ネポチズム）」のような、依估贔屓（不平等）を生みがちだ。そういう仕組みは「人間的」かもしれないが、安定した平等な世の中にはなりにくい。「非人間的」に見えたとしても、現代社会には、やはり「法」が必要なのだ。

マックス・ヴェーバーは『経済と社会』において、カリスマ的支配、伝統的支配、合法的支配の三類型を示している（「支配の類型」）が、この合法的支配が、法治主義にあたる。それは、近代国家においては、革命などの例外を除いて、日常政治の原則だ。そして、その合理的支配＝法治主義の典型が「官僚制」である。ヴェーバーは、官僚を「働き続ける機関の歯車」であり「非人間的」と表現している。彼の考えでは、官僚制が批判されてもなくならないのは、結局のところ、官僚制よりも効率的なシステムが他には見つからないからである。

官僚制といえば、いまのロシアがソビエト連邦と呼ばれていた頃は、共産党の一党独裁の下、党官僚による徹底した支配が行われていた。当然、言論の自由も制限されていたので、官僚制の不条理と不合理を戯画化したジョークがたくさん生まれた。その中に次のようなものがある。

レーニンが、革命運動が始まった頃の党のメンバーについて尋ねた。「最近見ないが、彼は、いま何をしているのか」。すると、側近から、一カ月前に、レーニン自身がサインした死刑執行書によって、その同志が死刑になったという事実を聞かされ、レーニンはむっとしたという。この話は、絶対に間違いを犯さないはずの指導者（独裁者）と（共産）党の官僚を皮肉ったものだ。

だが、現実はもっと厳しかった。ヴィクター・セベスチェン『レーニン　権力と愛』（邦訳白水社、二〇一七）は、最近公開された資料に基づき、ロシア革命期の実情を明らかにした興味深い評伝だ。

この本によると、実際に殺されたのは、レーニンが子供の頃に親しかった従弟で、逮捕し、秘密のうちに処刑したのは、レーニンが組織したチェーカーと呼ばれる秘密警察だった。それを知ったとき、レーニンがどんな顔をしたかは、伝わっていない。だが、その後も、彼が、秘密警察を維持するよう指示したことだけは分かっている。革命や独裁すら、それを適切に把握し、合理的に管理する官僚制抜きには、成り立たないというわけだ。ましてや、民主国家では複数の利害を調整するための官僚が必要になるのはいうまでもない。

私たちが公正で平等な「人間的」な生活を営めるのは、官僚制が「非人間的」に、その時々の感情とは無関係に動いているからなのである。もちろん、このことは、官僚制を無限に受け入れるべきだ、という意味ではない。

しかし、官僚が非効率的だと非難されることによって、「前例がないことはやらない」という先例主義に走ったり、非人間的だと非難されることによって、「首相の奥さんだから」「首相の友人だから」等々、「人間的」に忖度するようになったり、さらには一切の非難を避けるために不作為のサボタージュに徹したりすれば、より酷い官僚制（ブルシット・ジョブ）が生まれるだけだ。

私たちの社会は官僚制なしでは成り立たないからこそ、無際限な官僚制の拡張を許すべきではなく、そのための新たな批判の言葉を持たなくてはならないのだ。

官庁に限らず、民間企業でも大学でも、どんな組織も生き残ろうとする。チャンスがあれば、自分たちのテリトリーを拡大しようとする。官僚制批判があるにもかかわらず、官僚制が生き残り、制度改革の度に強化されるのは、そうした適応の結果に過ぎない。このことは、皮肉なことに、当の官僚自身によっても自覚されている。まともな官僚なら自分が官僚制に操られているとは思っても、自分が官僚制を操っているなどとは思わない。官僚たち自らが、自分たちが無力化していると感じるほど、官僚制は拡大しているというわけだ（竹中治堅編『二つの政権交代——政策は変わったのか』勁草書房、二〇一七）。

公平で安定した社会ゆえに生まれる不安

明日にも世界が終わる、と言わんばかりの一部の評論家の言とは逆に、現代社会はある面では、公平で安定した社会である。

格差の拡大、少子高齢化、環境問題にテロ、移民受け入れ。問題だらけなのに、何を言い出すか、と思うだろうか。だが、この二〇〇年で人類はかつてないほど進歩した、そう主張するのは、文字通り『進歩——人類の未来が明るい10の理由』（邦訳 晶文社、二〇一八）という本の著者ヨハン・ノルベリだ。

彼の言い分を聞いてみよう。二〇〇年前、世界人口のうち、読み書きできたのは一二パーセント。それが、現在では文盲率が一二パーセント。また、一八〇〇年頃、世界の六〇パーセントの国では奴隷制が合法だった。一九〇〇年頃、女性に選挙権があるのはニュージーランドだけだったが、いまではほとんどの国で女性には選挙権がある。

一七世紀末のフィンランドの飢餓では、全人口の三分の一が餓死した。一八世紀になっても、英仏人の摂取カロリーは、現在のサブサハラ・アフリカの平均値よりも少なかった。栄養不足のために人々は働けず、当時の英仏の住民の二割は全く働けなかった。

ノルベリ自身、元々は世界の将来に対して悲観的だった。しかし、悲観派から楽観派に変わっただけに、彼のデータに基づいた説明には、なかなか説得力がある。

現代社会は日常の中の官僚制(分業化、専業化)によって、複雑で多様な社会になっている。それ以前の、不平等な身分制の社会では、自分が何者かはおおよそ身分で決まっていて、それ以外のことをする余地もなく、生きるのに精いっぱいだったから、わざわざ余分なリスクを求める必要もなかった。けれでも、いま、私たちは目前のこと以外の「漠然とした将来についての不安」に陥ることができる。逆にいえば、人が漠然とした不安を抱くのは、平和な日常を送れる社会の中だけだということだ。

この社会では、宗教的権威や地域共同体の世話役がお節介をしてくれるわけではない。伝統や慣習に縛られた社会ではないゆえに、そこには「自由」がある。安定した自由な社会では、選ばないことも含めて、自分の責任で選ぶことができる。仮に、これが近代に起きたことだとすると、さらに進んで、何をするにもすべて自分で決めねばならないのが、現代だといってもよい。

戦争や革命、災害や突発的な事故、経済的な恐慌が遠のくと、社会は安定して公平になり、個人はさらに自由になった。市場と国家の例でいえば、国家や政治はかつてないほど安定し、市場や経済は自由で流動化している。

こうした時代の中で、より自由になり、より選択肢が増えた分だけ幸せになれたのか？　どうも、そうではなかったようだ。現代の進化生物学や脳科学でも、同様の結論に達している。何万年もの間、私たち人類は、自然環境の厳しい制約の下で生きてきた。その中で、辛うじて群れを成すことで生き延びてきた。私たちは長い間、群れに、身分や地縁に、血縁に、様々な条件に縛られてきたわけだ。

しかし、そうした制約が必須なものでなくなるにつれ、つながりや関係性の創出と維持に役立った共感は、次第に行き先を失い暴走気味になってきている。

つながりを求めれば求めるほど孤独になる

近代以降の社会において、伝統や地域共同体から離れた私たちの関係は、とても移ろいやすいものになった。対人関係の流動性が高まったのだ。これは、人類がいままで経験したことのない「仲間の仲間らしさ」「親しさ」の変化を伴っている。私たちの関係は、伝統や身分や地縁、血縁といった、関係それ自体を成立・維持させる「外側」の理屈によってではなく、関係を結ぶ当人たちの「内側」の理屈に依存するようになったのだ。

「外側」の理屈から自由になるということは、関係を結ぶも結ばないも、各人の自由だということだ。この自由は、しかし、関係を結んだ者がその関係を大事に思うほど、酷く不安にさせる要因にもなる。

どれほど相手のために尽くしても、いつか、去られてしまうかもしれない。それは、相手が自分と同じ自由な主体である限り仕方のないことだ。では、去られたときのことを考えて、私たちにできることは何だろう。もし、関係そのものがなくなってしまうことを恐れるなら、合理的に考えて、リスクを分散させるべきだ。つまり、大勢の友人とのたくさんの関係を持つべきということになる。

どうしたら、そういう関係を持てるのか。大勢の人と会う機会を作り、いろいろ試してみることだろう。少しもおかしくない考えだ。だが、そうして友達を増やしても何か満たされないものが残るのは、なぜか。論理的に正しい選択をしているのに、望んでいる結果とは何かが違う。

これまでのミクロ経済学は、経済合理性だけを重視する人間＝経済人（ホモ・エコノミクス、エコン）という、現実的ではない前提に基づいているという批判がなされてきた。

だがここで、私たちが想定している人物は、関係がなくなるのが寂しいと思えるだけの豊かな感受性を持っている。また、リスクを分散させる必要があるという合理的な判断もできている。さらに、それを実行する強い意志も持っている。では、そのような人物ですら満たされない思いをするのはなぜだろうか。どこで、間違えたのだろう。何が足りなかったか？

単純化していえば、人間関係はサンプルではないということだ。集めれば集めるほど親しみが増すというわけにはいかない。むしろ逆に、集めれば集めるほど、一つひとつの関係は希薄になり、その分、満足度も下がってしまう。打率を上げるために打席に出ているはずなのに、出れば出るほど打率を下げているバッターが、それでも打席に出るのをやめられないでいるのと同じだ。それとも、むしろ成功すればするほど虚しくなるナンパ師が、それでもナンパをやめられない、というべきか。どちらにしても、あまり幸せそうでないことは確かだ。

依存症が社会の病であるとはどういうことか

「つながりを求めれば求めるほど、孤独になってしまう」。仮に、そうだとして、では、つながりを求めずに一人で孤独に耐えるべきなのか？　個人の生き方としては、それもありだろう。

しかし、誰もかれもが、つながりを求めず孤独に耐えている社会というのは、もう、社会とは呼べないだろう。

このような、関係性についての悩み、社会性の困難を個人で解決しようとすること自体が、ある種の「社会病理」だといえる。心理学者でも、精神科医でもない政治社会学者の私が、依存症を社会の病として考えたいと思う理由はそこにある。

国立精神・神経医療センターの松本俊彦は、アメリカの精神科医エドワード・カンツィアンの自己治療仮説を参照しながら、「薬物依存症の本質は、苦痛を緩和しようとする自己治療である」と述べている。そこから浮かんでくるのは、快楽に溺れやすい、だらしない人という安易なイメージよりも、むしろ、自分の生きづらさや困難を何とかしようと、必死になっている普通の、むしろ意志が強いとすらいえる人間の姿だ(『薬物依存症』ちくま新書、二〇一八)。

この仮説は、必ずしも薬物依存症だけに当てはまるのではない。依存症は、ドラッグやお酒、たばこへの依存症、嗜癖《しへき》だけでなく、痴漢や盗撮、万引き、あるいはストーキングといった、様々なケースがあることが知られている。それは、誰もがなるわけではないが、誰もがそうなってもおかしくないものだ。

カンツィアン＝松本の立場からすると、一見不合理に見えるリストカットなどの自傷行為も、コントロールできない不安や身体の不調を、分かりやすい「痛み」という、自分に馴染みのある行為に置き換えることで、何とか耐えようという試みだと考えられる。松本は、患者の次の言葉が印象に残っていると述べている。

「心の痛みを身体の痛みに置き換えている。心の痛みは意味不明で怖いけど、身体の痛みならば、『あっ、ここに傷があるから痛くて当然なんだ』って納得できる」（松本俊彦、前掲書）

社会学者のアンソニー・ギデンズは『親密性の変容――近代社会におけるセクシュアリティ、愛情、エロティシズム』（邦訳　而立書房、一九九五）で、これからの人間関係、とりわけ親密な関係は「純粋な関係」（pure relationship）になると述べた上で、次のように言っている。

依存症、嗜癖（addiction）とは、「中断した場合手に負えない不安を生じさせる、衝動強迫的に没頭するパターン化された習慣」である。

厳密には、ギデンズの言う依存は、心理学者の言う依存症とは定義が違っているという指摘がある。だが、先ほど述べたように、本書では、依存症を個人の障害ではなく、社会問題として捉えたいと思っている。だから、ここでは、ギデンズの見方を採用しよう。ギデンズの指摘に従えば、依存症は関係性の病だということが導かれる。実際、依存症（addiction）の反対語は、つながり（connection）だといわれる。これは、現代の精神医学者や心理学者たちの見解とも一致する。

強いつながりで結び付けられた慣習や共同体を持たない現代人にとって、対象への没入＝依存症は、他人の目からは、どれだけ不合理で本人のためにならないように見えたとしても、当事者本人にとっては、それなしでは生きられない確かで安定した関係なのだ。

再び、先ほどの問いに戻ろう。私たちの想定した人物には、感情も理性も意志も十分に備わっていた。では、一体、何を間違えたのか？ おそらく、個人としては、何も間違えていない。

それでも、あえて言うなら、ほんの少しだけ、数えられないものを数えられるかのように勘違いした、とか、あるいは、ほんの少しだけ、自分がコントロールできないものをコントロールできると過信した、ということだろうか。

だが、その程度の勘違いや過信は、私たちの誰もが行っている。むしろ、そうした「思い違い」なしには、私たちは日々を生きていくことも難しい。「誰もがなるかもしれない」とか、「意志の強い人ほどなりやすい」という、カンツィアン＝松本的な依存症像は、そのように理解される必要がある。

しかし、それでは、依存症になったときには、運が悪かったと思って諦めるしかないのだろうか。それとも、かつての束縛から自由なこの社会では、人間関係が不安定なのは仕方がないことだと諦めて、関係に期待せずに生きていくしかないのだろうか。

第四章

承認欲求の行き着く果て

なぜそんなことが起きるのか

前章では、つながればつながるほど不安になる、という傍から見るとおかしなことも、当事者にとってはそれなりに合理的な選択の結果であること、それゆえに、簡単にはやめられないということを「官僚制」と「依存症」という二つの観点から考えた。人は感情が劣化しているわけでも、単に愚かなわけでも、意志が弱いわけでもなく、「分かっていても、やめることができない」「分かっているからこそ、やめられない」ことがあり得る。なぜ、そんなことが起きるのか。それを考えるために、本章では、依存症、共依存、そして、人が「自分でついた嘘に自ら好んで騙されてしまう」自己欺瞞を取り上げる。

期待に応えるのに疲れて痴漢・万引きを繰り返す人たち

依存症当事者は、一般に思われているような意志の弱い、だらしない人というよりも、むしろ、自分自身で問題を解決しようとする、その意味では意志の強い人だという話は先にした通りだ。松本俊彦は、それを自己治癒学説で説明していた。だが、これはなかなか理解されない。それは、「ダメ、絶対」「人間やめますか、覚せい剤やめますか」という、これまでなされてきた説明とは合わないからだ。

では、薬物のようなモノに対する依存ではなく、プロセスや関係性への依存の場合はどうだろうか。

「仕事を一週間頑張ったから痴漢してもいい」
「女性専用車両に乗っていない女性は痴漢をされたい人だ」

こんなことを言うのは、どんな人物か。性欲の強い脂ぎった男か、それとも欲求不満なオタク男性か。だが、それは、ネトウヨは冴えない若い男性だと決め付けるのと同様に、全く間違っている。『男が痴漢になる理由』（イースト・プレス、二〇一七）などの著者で、精神保健福祉士・社会福祉士の斉藤章佳によれば、件の人物はどこにでもいる「普通の男性」なのだという。彼らは痴漢時には、生理的な興奮状態（勃起）だったというわけでもない。

万引きの場合でも、「このお店でたくさん買い物をしているのだから、今日くらいは万引きをしても許される」、このように言う主婦がいるらしい。斉藤が、一六〇〇人を超える加害者の再発防止プログラムに関わってきた経験からすると、万引きを繰り返す人と、痴漢常習者とは似ているそうだ。どういうことだろうか。

痴漢を繰り返している人に多いのが、家庭内ではイクメンで家事の分担をしてくれる、職場では長時間労働をいとわない真面目な人たちが多いんです。で、唯一、匿名性の高い電車のなかだけが自分の優越感や支配欲を満たせる場所になっている。そこだけが、その人にとっての「役割から降りられる場所」なんです。透明人間になれるという秀逸な笑えない表現をした人もいました。

（中略）

万引きをくり返す女性の場合は、家庭内では育児や家事に追われて、息継ぎもできないような毎日を送っている。そして、スーパーだけが彼女たちにとっての「役割から降りられる場所」「匿名でいられる場所」になっているんです。

（斉藤章佳、前掲書）

「透明人間になれる」だとか、「役割から降りられる場所」「匿名でいられる場所」といった表現からは、彼や彼女たちは、周りからの期待に応える、善良で従順な自分に疲れているようにも思える。まるで、役割をやめて、本当の自分になれば、主体性を取り戻せるとでもいうように。

ドイツの哲学者ハンス・ブルーメンベルクは、「あるがままにいたくないという願望は、美的にのみ満たされる」と述べたことがある。しかし、いくら、そうした行為を繰り返しても、主体性を取り戻すことはできないだろう。なぜなら、そもそも、そんな本当の自分など存在しないのだから。

犯罪として罰するだけでも医者に任せるだけでも解決できない

痴漢や万引きは犯罪であっても病気ではない、と思う人もいるだろう。実は、当人たちもそのように考えているという。斉藤によると、痴漢常習者は、他の依存症患者と同様に、いけないことをやっていると思っているし、捕まったら会社や家族に迷惑が掛かると考えている。それどころか、有名タレントの名前が入った服を着ていれば、「これを着て捕まったら（タレントに）迷惑が掛かる」とすら考えるのだという。

にもかかわらず、彼らには被害者の感情だけが見えていない。被害者の感情を気に掛ける部分だけが、彼らの意識から抜け落ちているのだ。

むしろ、彼らは、被害者の感情を自分の都合のいいように解釈してしまう。時間をかけて習得された自己欺瞞、認知の歪みは、容易には修復できない。それは、性犯罪の再犯率が高いことからも分かる。たとえ、意識としては反省できても、学習によって身に付けた振る舞いは、簡単には変えられないのだ。だから、痴漢を犯罪としてただ罰するのではなく、やめ続けられるように手助けすること、つまり、「犯罪モデル」から「医療モデル」への変換が必要になる。

しかし、「医療モデル」といっても、医者に任せれば、それでお仕舞いというわけにはいかない。

斉藤によれば、再犯防止プログラムの場で、「痴漢行為を手放すことで、あなたが失ったものは何ですか？」と質問したところ、「生きがい」と答えた受講者がいたという。また、痴漢常習者で、「自分の妻や娘が性犯罪被害にあったら？」という問いに、「相手の男を殺しに行く」と即答した人もいたという。さらに、痴漢ではなく性的暴行のケースでは、「僕は他の強姦犯と違う。思いやりを持って、必ずローションを使うから、相手を傷付けていない」と言う人もいたというのだ。

こうした認知の偏り、自己欺瞞は、認知バイアスが学習・訓練によって内面化された形だといえる。生まれながらの痴漢や万引きなどはいない。こう言ってよければ、彼や彼女たちは、「あえて、分かった上でやっている」、言い換えれば、自分自身を規律訓練してしまっているのだ。

第一章でも述べた通り、性犯罪は、被害者に落ち度があったかのように言われることが未だにある。「そのときの服装は？」という問いは、あなたにもスキがあったのでは？ という意味を含んでいる。痴漢の場合には、加害者の家族が、偏見にさらされる。痴漢をする以外は、親からすれば「いい子」、妻からすれば「良き夫」、子供には「良い父親」であれば、なおさらだ。

母親は、自分の育て方を悔やむだけでなく、夫からも「お前の育て方が悪かったのではないか」と言われ、妻は、義理の両親や実の両親からも「お前さえ我慢すれば」と言われ、それどころか、「夫に性的な満足を与えられなかったお前が悪い」とあからさまに言われるケースさえあるという。

このようなことは、「犯罪モデル」では解決できないし、また、単に幼少期のトラウマや性的な衝動性など、「医療モデル」で理解して済ませるべきことでもない。「医療モデル」には、医療、治療が可能な社会と医療への理解を促す努力が必要なのだ。ただ、「医療＋社会」といっても、患者への投薬からＧＰＳの取り付けまで、その解釈には、かなりの幅がある。それについては、最終章で改めて検討することにしよう。

共依存とは何か？　なぜ社会の病なのか？

共依存症、共依存という言葉から、どういうイメージが浮かぶだろう。他人から認められたがっている、承認欲求の塊のような不全感のある人物だろうか？　それとも、かつて流行したアダルト・チルドレンのような、面倒臭そうな自意識を持て余している感じだろうか？

社会学者のアンソニー・ギデンズは前述の『親密性の変容』の中で、

共依存者とは「自らの存在的不安を維持するために、自己の欲求を提起してくれる人を、一人ないし複数必要としている人間」であり、共依存関係とは「同じような類の衝動強迫性に活動が支配されている相手と、心理的に強く結びついている間柄」

と述べている。

先にも述べたが、このギデンズの定義には精神医学や心理学の専門家から、正確には違うのではないかという指摘がある。にもかかわらず、精神医療の言葉ではなく社会学者の言葉を引いているのは、個人の心の問題（医療）ではなく、私たちの社会の共通の問題として扱いたいからだ。

そもそも、共依存という考え方はアルコール依存の患者と、その協力者（伴侶や家族の場合が多い）について用いられたことから始まった。どうして、当人に著しく不利になると分かっている行為を助けてしまうのか？　協力者の行為や協力者自体も治療の対象ではないか？　おそらく、この発想は、依存症の治療が難しいことから生まれたのであろう。

いまでは共依存をめぐる議論の多くは、医療の中だけで解決できる問題なのか、という疑問を伴っている。この疑問は、よく理解できる。

思想哲学の分野では、ドゥルーズとガタリたちが、精神分析や心理学に対して、「いまある社会に適応する人間」を無条件に肯定してしまっていると批判したことがある。

眼鏡をかけるのは不道徳だとする社会を想像してみよう。改めるべきなのは、その社会の方であって、眼鏡なしでも耐えられるように人間を馴致《じゅんち》することは、何ら解決にならないことはいうまでもない。

同じことは共依存についてもいえる。共依存や共依存症については、それを分析し解釈する人間が持っている、あるべき社会や人間関係、家族像についての価値判断が含まれやすい。アルコール依存に限ったとしても、その背景には、貧困や社会不安、あるいは家父長制といった様々な要因があるにもかかわらず、共依存という言葉が広く知られるようになる中で、一面的に理解される傾向が強まったのではないか、という見方をする研究者もいる。

ここにいう一面的な理解には、共依存が、理想化された人間関係や家族像からの逸脱だと理解されるだけでなく、反対に、現在の人間関係や家族関係を解消する口実として、共依存が安易に持ち出されるということを含んでいる。

たとえば、ジョーアン＝クレスタンとクラウディア・ベプコは、人間関係の中で、女性が背負ってきた役割を病理と見なして否定する、共依存という考え方そのものに異議を唱えている。

共依存は、元々「苦痛というものに名前を付け、その苦痛について言及するための試みを表す言葉であったにもかかわらず」「(共依存者を)病人として定義付けるための神話へと変質してしまった」というのだ。

その背景には、アメリカで「私はＡＣ《アダルト・チルドレン》です」とか、「パートナーとの関係が共依存的なので見直したい」と言って、心理療法士のところに大勢のクライアントがやってきているという現実がある。

ジョーアン＝クレスタンたちは、一方が他方のパートナーに不満を抱いている関係を共依存として理解したがる背景には、自立を何よりも重視し、共依存を病理化する社会の側の問題があることを指摘したわけだ。

発達心理学者のキャロル・ギリガンは、個人から社会へと道徳対象が広がっていく(修身斉家治国平天下)同心円状モデルを男性原理として批判し、自己と他者が互いに関わり合う、相互依存(interdependence)から成り立つ関係を対置している。そして、そのような関係を築けるようになることを成熟と捉える発達モデルを提唱しているのだが、これは、フェミニズムの立場から、ジョーアン＝クレスタンたちの批判をより根本的に行ったものだといえる。

斉藤章佳は次のように述べている。

私はたくさんの性犯罪者や性依存症者を見てきました。彼らに共通してるのは、やはり女性を下に見て、つまりモノ化して「女は男の性欲を受け入れて当然である」というような価値観を根っこに持っているということです。だからたとえば夫婦関係でもしばしば性暴力やDVは起こります。「結婚してるんだから自分の性欲に応じるのは当たり前だろう」と性的関係を強制する。そこに合意という考えや、相手を尊重するという思いがない。そうした男尊女卑の価値観が根底にあって、それが認知の歪みにつながっています。そして認知の歪みは問題行動をくり返すことで強化されていくのです。

（斉藤章佳、前掲書）

とある二人の間に起きたこと

本書を書くきっかけになった、友人AとBの場合はどうだったのだろう。

私の知る限り、Aは理性的だが、だからといって、必ずしも融通の利かない、理屈っぽい感じからは程遠い。ユーモアを理解し、旅行や食事を楽しみ、家族と一緒の時間を過ごすことを大切にできる人間だ。Bは、実務能力が高く後輩の面倒見もいい。その一方で、珍しい料理や変わった楽器の講習を受ける多趣味な人間である。傍目からは、とても上手くいっているとしか思えない人たちだ。

Aの夫は、妻の様子が「普通ではない」と感じていた。だが、Aは夫の心配に耳を貸そうとはしなかった。Aは、家族と過ごすはずの休日に、Bの家に片付けに出掛けていた。本当に、そんなことまでする必要があるのかと聞かれても、Bの片付けを手伝うのは自分の義務であり、それで仕事が順調に回れば、結果として家族の生活のためにもなると答えていたという。いくら、その理屈は変だと言われても、Aは自分がBを助けなければならない様々な「理由」を並べ反論したという。

善意による支配において特徴的なのは、ある選択肢が道徳の名で与えられ、これに挑戦する可能性が理性の名で制限されるということである。
（畠山弘文、前掲書）

ジョン・ロックは、どこかで「狂者とは、間違った前提をもとに反論できない厳密な議論をしてしまう人」と述べているが、普段のAであれば、これは、夫と議論するべきことではないと判断できたはずだ。そもそも、こうしたことで議論しないし、もし仮に議論になってしまったとしても、論破するなどはしないだろう。夫と子供との時間を優先させるべきだと、常識的に判断していたに違いない。

だが、Bとの関係に限ってはそうではなかった。Aは、Bがその気遣いを回避しようとすると余計に介入しようとし、夫の疑問に対しても、問題が存在すること自体を認めようとはしなかったようである。Aが、自分を共依存だと認めたのは、精神科医によってBから引き離されたときのことだという。

興味深いのは、Bとの共依存関係から離れてしばらくすると、Aは、自分が自分をどんなふうに正当化していたのか、もう思い出せなくなってしまったということだ。

これは、共依存が、共依存関係という関係そのものから生じる出来事だと捉えると、納得がいく。共依存の原因は、AやB個人の中をどれだけ探しても見つからないはずだ。なぜなら、共依存の「原因」が二人の関係性や、関係を強いる社会の側にあるとしたら、そもそも彼らの中には「原因」はないからだ。無論、だからといって、個人には何もできないとか、医療を否定するということではない。むしろ、効果的な医療に結び付けるために社会の側で何ができるかを考えようということなのだ。

共依存関係に見る「善意による支配」とは？

相手から避けられたとき、私たちはどうするだろう。「予定があるのかな」とか「気に障ることをしただろうか」と思うはずだ。その場合、一回距離を置いてみるとか、時間を空けるなどするだろう。しかし、共依存の関係の中に入っていると、自分や相手のどこかに原因や問題があり、それを解決すれば関係が回復すると考えてしまう。

だが、人間関係とは、そんなに分かりやすい合理的なソリューションがあるものではない。恋愛を例にとれば、誰にでも分かることだ。努力すれば相手が自分のことを好きになってくれるかといえば、そういう場合もあるし、そうでない場合もある。人間関係は、簡単ではないのだ。

もちろん、一般的には努力するのは良いことだ、だから、共依存関係にある人は、自分がやり過ぎているとは思わず、むしろ、逆に「もっとしてあげなければ」と自分の理解にとって都合の良いように解釈してしまう。なぜなら、彼らにとって相手のために努力することは、ただそれだけで善だからだ。


問題なのは、意図の善意による歪みであり、そこから惹起される結果の性質である。即ち、善意は自己中心的利他主義に他ならず、この自らの立場によって限定された善意が限定なしに半ば強制的にクライアントに差し伸べられる。

（畠山弘文、前掲書）


まさに、善意による支配である。

「善意が管理を強化し、恩恵が支配を正当化する」これが利他主義的配慮における強権的善意性の最大の特徴である。

（畠山弘文、前掲書）

依存症、共依存に見る「自己欺瞞」とは？

共依存の原因が関係それ自体なのだとすれば、問題の解決は、共依存関係そのものをやめる他はない。だが、当事者たちはそうは考えない。関係を改善するにはどうすればよいか、という問いの立て方をしてしまう。関係をやめないでいるために、自分で自分に嘘をつき、「自分たちの関係には問題など存在しない」と合理化して、自分を納得させる。ここで共依存からもう一つの問題が派生する。自己欺瞞だ。

たとえば、太ったという事実を認めたくないとき、私たちは情報を自分の都合の良いように書き換える。「この体重計は壊れている」とか、「セールで買った安物だから」とか、「高い機種じゃないから」「有名なメーカーではないから」と、体重計が間違っている「証拠」を集める。信念は、集めた情報によって作られ、歪んだ情報は、信念を歪め、歪んだ信念は行為を歪める。「太っていない自分」という、自分のついた嘘を自分で信じ続ける限り、体重計の数字がその通りに受け止められることはない。

だが、現実に反した信念を持つためには、情報の書き換えだけでは不十分だ。都合の良い情報だけを選ぶことは、太っていることを証明する情報を意図的に排除することを意味する。そんな「ズル」をしていることが分かったら、もう自分の「嘘」を信じることはできない。

そこで、情報を書き換えるだけでなく、複雑化が行われる。たとえば、「痩せ過ぎているモデルは批判されている」とか「小太りの人の方が長生きできる」といった、別の基準を持ち出して、「太っているかいないか」が問題ではないと考えるわけだ。

なぜ、そこまで自分を偽ろうとするのか。

Facebookに「いいね!」が付けられた理由

承認という言葉で、人が最初に思い浮かべるのは何だろう。二一世紀前半の現代では、おそらく、Facebookの友達承認ボタンかもしれない。これは、他人を友達と認めるかどうかという意味での「承認」だ。だが、それ以外の場合、承認といえば、大抵、社会や他人から認められるかどうか、という意味で使われることが多いのではないだろうか。

マックス・ヴェーバーは『仕事としての学問』の中で、自分がどれだけ他人と違っているか、「仕事を、自分の名を売るための手段のように考え、自分がどんな人間であるかを『体験』で示してやろうと思っているような人」は、学問の世界では少しも個性的ではないと述べている。

もちろん、彼が念頭に置いていたのは、一九世紀ドイツの大学社会における知的俗物（俗流教養人）だ。しかし、今日の情報化された社会では、「自分らしさ」を他人から評価されたいという承認欲求は、至るところで可視化されている。

承認とは、人が思うような自分でありたいと自分でも思うことだ。「欲望とは他者の欲望である」と言ったのは哲学者のヘーゲルである。みんなが欲しいと思うものを自分も欲しいと思う。その「みんなが欲しい」と思うものの中には、そう思っている「自分自身」も入っている。言い換えれば、自分の「あれが欲しい」という欲望の中にも、関係性や社会性が含まれているのだ。

少し面白いのは、Facebookに「いいね！」ボタンを付けるようにザッカーバーグに言ったのは、ピーター・ティールだということ。(i) 彼はそれをルネ・ジラールから学んだという。Facebookがまだ何物とも知られていないときに、資金を提供したのがPayPalの共同創業者、ティールだという話を第二章でした。彼が、スタンフォード大学でジラールから学んだのはヘーゲル哲学だ。ヘーゲルの哲学を一言で要約するのは難しいが、まだ市民社会が成立していない時代のドイツ地域で、民主主義国家を考えようとしたと捉えることもできる。彼が考えていた市民社会とは、市民が互いを承認し、信頼し合う社会であった。

---

i — Arnaud Auger Sengupta 'The Godfather Of The Like Button Died' Linked in 2018

ティールが何を思って「いいね！」を付けるように言ったのかは定かではない。だが、ジラールの理論の核が模倣（ミメーシス）と競争であったことを思えば、ヴェーバーのいう際限のない、個性と特別な体験を語りたがる承認を求める競争から、少し距離を取るための緩衝材が必要だと考えたとしても不思議ではない。どれだけ自分が個性的で変わった体験をしているかを競って議論するより、「いいね！」で済ましてしまおうというわけだ。だが、仮にそうだったとしても、「いいね！」は緩衝材とは全く逆の役割を果たすことになった。

「社会は存在しない」と考えるリバタリアンのティールだが、ジラールの『世の初めから隠されていること』（法政大学出版局、一九八四）には大きな影響を受けたという。

模倣こそ、僕らが同じ学校、同じ仕事、同じ市場をめぐって争う理由なんです。経済学者たちは競争は利益を置き去りにすると言いますが、これは非常に重要な指摘です。ジラールはさらに、競争者は本来の目標を犠牲にして、ライバルを打ち負かすことだけに夢中になってしまう傾向があると言っています。競争が激しいのは、相手の価値が高いからではありません。人間は何の意味もないものをめぐって必死に戦い、時間との闘いはさらに熾烈になるんです。

（トーマス・ラッポルト『ピーター・ティール――世界を手にした「反逆の起業家」の野望』飛鳥新社、二〇一八）

ビジネスを始めるからには常に独占を狙い、競争を避けることだと私は強く信じています。むしろ競争とは「負け犬」がするものであるとすら思っています。

(Peter Thiel 'Competition is for Losers' The Wall Street Journal 2014/9/12)

彼は、競争した結果、勝ち負けが生まれると言っているのではない。それ以前に、そもそも競争すること自体が負けだと言っているのだ。

「自分らしさ」までが数値化される

かつて、人と人との付き合いは、ある程度の時間を掛けて、お互いの性格や人格を分かり合い、共有し合っていくものだった。人間である以上、誰にも矛盾する部分や欠点がある。だが、それらも含めて人は人と付き合い、その人の全体としての評価を、それまで育ってきた背景や歴史、エピソードを含めたコンテクスト（文脈）として共有し合ってきた。

しかし、多様で不特定多数の人間が参加できる複雑で寛容な社会では、コンテクストを共有しない相手に対しても、「自分」が何者であるかを分かりやすく伝える必要が出てきた。仲間だけでなく、仲間の仲間や友達の友達にも「自ら」を知ってもらうためには、それまで明示されていなかったコンテクストを、誰もがすぐ分かるようにすることが求められるようになった。自分のことをよく知らない、違った価値観や文化的背景を持っている相手に「自分らしさ」を伝えるためには、数値化が有効な手段となる。

もちろん、「自分らしさ」を測定して数値化することなどできるはずがない。だが、知能指数や偏差値の場合を考えてみよう。誰も知能指数や偏差値が、その人の頭の良さを表すとは思っていない。元々他に適当な方法が見つからないので、便宜的に使われるようになっただけだ。にもかかわらず、偏差値が五〇以下だと何となく落ち着かなくなったり、相手の方が自分より知能指数が高いと心穏やかでなかったり、ということがある。アマゾンの評価で九八パーセントの高い評価とあれば、九五パーセントよりいいと思う。よく分からないことに対しては、最初に与えられた数値が、その後の判断に影響を与える「錨《いかり》（アンカー）」になることがある。それが、「アンカー効果」だ。

だが、一度与えられた数字は、独り歩きする。こうした価値観は実社会にも影響を及ぼす。

教育学者のガート・ビースタは、愛情や価値、道徳心など、本来なら測定できないものまで何でも測定し、点数付けする「測定文化」が社会を侵食していると述べている。それは、以前、哲学者のイヴァン・イリイチが学校化社会を批判したことと一致している。学校的な平板な価値観が社会を覆っているというわけだ。

インターネットで得をしたのは広告屋とテロリストだけ？

ここまでは、開かれたアメリカのような社会はローコンテクストで、閉ざされた日本の社会はハイコンテクストなコミュニケーションを行うという、比較文化論では、以前から、よくいわれてきたことだ。だが、話はそこで終わらない。こうした測定文化は、広告ビジネスとあまりにも相性が良いのだ。当初から、SNSは、アイディアは良いが、どうやって収益を上げるのかという問題を抱えていた。彼らが選んだのは、以前からあるマスメディアと同じ広告モデルだ。(ii)

その結果、何が起きたか。テレビ番組の視聴率を考えてみれば分かる。誰もそれが番組の良し悪しを示すとは思っていない。だが、結局、他に測るものがないという理由で何となく使われている。しかも、現在では集計の手法がはるかに緻密化している。誰が何を見てどう反応したか、年齢や性別を含めコンマ何秒という単位で分かるようになったのだ。数字が示されている以上、スポンサーである広告主も、それを気にしないではいられない。テレビ局の編成や番

ii―Facebookの二〇一二年第三四半期の売上高は約一二億六二〇〇万ドル。そのうちの八六パーセントが広告収入で、残りは決済サービスや手数料など。

組が、そうしたスポンサーの意向に適応するのも当然である。

SNSは、こうした広告モデルに打ってつけの仕組みだ。View数はおろか、誰がどんな投稿や記事に「いいね！」したかまで分かるのだから。

アメリカでは、製品の機能価値を評価して伝える「マーケティング1・0」（製品中心）が、一九六〇年頃から「マーケティング2・0」（消費者志向）に移行し始め、製品自体の価値を伝えることよりも、広告の展開の仕方やブランドイメージによって価値を生み出し、消費者の購買意欲をそそる手法が主流となった。

現代では、広告を発信する側は、製品やサービスのコンテンツ（中身）よりもコンテクスト（文脈）を重視するだけでなく、コンテクストに共感して情報を発信してくれる媒介者（インフルエンサー）を見つけ、媒介者を通して不特定多数へ訴える「コンテクストのテキスト化」ともいえるマーケティングを展開しつつある。典型的なのがフィリップ・コトラーの提唱する「マーケティング3・0」だ。売られるのは品物ではなく、「物語」であったり、「共感」や「体験」であったりする。

その結果、当初ソーシャルメディアだと称されていたものは、コマーシャルなメディアとなった。無料のプラットフォームだと思って使っていたら、いつの間にか、膨大な数のユーザーが知らないうちに自分の行動履歴を企業に譲り渡していたということが起きている。取り引きされている商品は、自分たちの個人情報だったというわけだ。

ヨーロッパでは口の悪い人が、「インターネットで得をしたのは、広告屋とテロリストだけだ」と皮肉っているという。先のアメリカ大統領選へのFacebookからの情報漏洩や、広告収入目的で、トランプ政権に有利なフェイクニュースを流していたマケドニアの青年の話を思い浮かべると、そうした皮肉を言い掛かりだとばかりはいえないだろう。

実際、ヨーロッパでは、GDPR（一般データ保護規則）によって、個人のデータ主権主義を打ち立てようとしている。これは、単にヨーロッパがアメリカに対抗しているというばかりでなく、ブロックチェーンとクラウドを利用することで、データや富が一つのところに集まり過ぎるリスクを回避しようとする試みともいえる。

ルネ・ジラールは、二〇一五年に亡くなっている。もし、彼が、二〇一六年の大統領選挙でティールがトランプを支持し、そして、その選挙ではティールが「いいね！」を付けさせたFacebookが利用されたと知ったら、一体、何と言っただろうか。

完全な合理性より限定的な合理性で判断した方が上手くいく

このように数値化された承認が社会を動かしている現実を見てくると、事実から目をそむけ、自分に都合の良い結論を導き出そうとする自己欺瞞は、一見して不合理に思えたとしても、それなりに理由があることが分かる。

一八世紀のイギリスでは、理性だけではなく感情を道徳の基礎に置く「道徳感覚学派（モラルセンス学派）」が起こった。ジョン・ロックの弟子であるシャフツベリ卿（アントニー・アシュリー＝クーパー）、ハッチソン、ヒューム、そしてアダム・スミスなどの流れがある。彼らが異を唱えたのは、合理主義という考え方に対してだった。

元々合理主義は、主体である「私」が行動を決定するときに、様々な選択肢をすべて比較考慮できる情報を持ち、その選択や決定の結果も十分に予想できた上で、自分の価値に照らして納得できる決断を導くことを意味している。だから、合理主義は、理性は「原因と結果の関係を推論する能力」であり、合理的であるためには理性の推論が欠かせないと論じる。

だが、現実の私たちは、道徳感覚学派が言うように、極めて限定され、時には歪曲された情報しか持つことができないし、理性的な判断を頼りにしても、しばしば失敗してしまう。それは理性が頼りないからか？　そうかもしれない。しかし、すべての情報を徹底的かつ理性的に吟味することだけで、物事が上手く運ぶわけではないのだ。ハーバート・サイモンの業績は、そのことを簡潔に説明してくれる。

ハーバート・サイモンは、政治学者から人工知能研究者になった異才だ。コンピューターサイエンス・心理学・認知科学・哲学・応用数学を横断する研究をして、ノーベル経済学賞を受賞している。

「充足化（satisfice＝充分 suffice ＋満足 satisfy）」は、彼の造語だ。目的を達成するために必要最小限を満たす手順を決定し、追求することを意味する言葉だ。思考についていえば、大体満足がいく答えが出たら、そこで考えをやめることだといってもいい。そのようなやり方でないと、私たちの脳は疲れ果ててしまうことだろう。仮に、徹底的に思考するとすれば、ちょっとした結論を出したり、行動したりするにも、膨大な時間が掛かることになる。それでは、日々の生活もままならない。時間や労力は限られている。節約するためには、大雑把な近似値で満足する方が都合がいい。私たちは合理的だが、その合理性は限定されている。これが、サイモンの「限定合理性」という考え方だ。

ちなみに、彼は一九四七年に出版された『経営行動』（邦訳　ダイヤモンド社、一九六五）で、限定合理性から、目の前のことだけ判断できるように仕事を細分化し、その組み合わせによって組織の総合性を得るという組織経営論を導いた。大きな複雑なことを一人で全部するより、細かく限定してみんなでやった方が、ずっと上手くやれるというわけだ。彼の、こうした主張は、当時、官僚制を肯定するものだと批判された。

だが、「非効率的」だとか「人間的でない」というタイプの官僚批判は、「前例がないからできない」という先例主義や、融通を利かせ過ぎた忖度や口利き、その両方を避けるためのサボタージュといった、より酷い官僚制（ブルシット・ジョブ）を生む。だから、私たちは、別の仕方で、より徹底した官僚制批判をする必要がある。そのことは、すでに述べた通りだ。

カジュアルな動員

グローバル化が進み、流動性が高い社会では、公正で公平な指標として数値化が求められる。「コンテクスト（文脈）のテキスト化（可視化）」が必要とされ、「動員」が起きやすい情報環境（情報の生態系）も整えられている。そのため、政治の場面においては政治不信と改革への希望から、これまでの経緯（コンテクスト）を極端なまでに圧縮化して、誰でも瞬間的に分かるようにすることが当たり前になってきた。

このような政治手法は、一見すると、近似値を採用する「充足化」と変わらないように思える。しかし、実際には、それは効率化や総合性ではなく、単純化しかもたらしていない。政府の側ですら、そのことを忘れ、かえって自分でついた嘘に騙されている。その結果、人々から重要な事柄が見えなくされている。

たとえば、わが国では、二〇〇五年に当時の小泉純一郎首相が「郵政民営化」を焦点とし、反対するのはすべて「抵抗勢力」と決め付けて圧勝している。いまではさらに、選挙制度改革による小選挙区制度化もあって、各政党は国政選挙の度に、丁寧に政策の説明やビジョンを提起するよりも、どうやって有権者の関心を集め、投票行動に結び付けるかに夢中になっているようにさえ見える。

しかし遡れば、一九八九年の第一五回参院選での社会党の勝利も、消費税・リクルート事件というシングルイシューに、土井たか子の個人的な人気が作用したものだった。二〇〇九年の民主党への政権交代のときも、マニフェストは掲げられていたが、実際は政権交代そのものがシングルイシューと化していたし、戦前に、初めて普通選挙法が成立した際には、実現不可能な公約が安売りされ、「普通選挙で国滅ぶ」と批判された。

そう考えると、トランプの選挙手法も、決して目新しいものではなかった。ネットを利用して、それまで投票しなかった人々に呼び掛ける手法は、すでに、オバマの当選した前回の大統領選挙で民主党が実行したものだ。「やれば、できる（Yes we can）」が、「君たちのことなら分かっている」へ変わっただけだ。二期目の選挙の際、民主党の選挙戦略は、市民参加からビッグデータに変質していた。トランプ陣営も、それを利用し、動員を図ったのは、むしろ当然だろう。

歴史を遡れば、こうした「動員」はナチス・ドイツでも、アメリカでも広く行われていた。ヒトラーの演説は、彼個人の才能だけでなく、宣伝担当大臣ヨーゼフ・ゲッベルスらによって巧妙に演出されたものだ。ゲッベルスたちは、宣伝省創設当初から「ラジオの時代」を意識し、七〇パーセント以上の世帯に安価なラジオ受信機を普及させることで、ドイツ国民の懐柔、扇動、動員をより効果的に成し遂げている。アメリカでも、ルーズベルト大統領は、ラジオを通じて直接国民に語り掛けることで、「国民の大統領」というイメージを作り上げることに成功している。

ナチスは、プロパガンダを共産主義ソビエトから学んだというのが定説だったが、今日では、独・米・ソは、各々大衆社会を国家に適応させる仕方を模索していた、と捉える方が実態に近いと考えられている。「動員」は、単にイメージだけでなく、人種隔離法(iii)のような法制度から、公共事業への投資による完全雇用の実現、収容所の設立など、それぞれの社会に合わせて包括的な形で実行されていたのである(W・シヴェルブシュ『三つの新体制――ファシズム、ナチズム、ニューディール』名古屋大学出版会、二〇一五)。

こうした動員については第二次大戦や、その後の共産主義への反省から様々な批判がなされた。そのため、動員は、もはや過去のものだと思われてきた。だが、現代では、すでに私たちが気が付かないほど、高度で洗練された仕方で最適化がなされているといえる。これを日常的な動員だとすれば、それに対抗する、批判のための理論を組み直さなければならない。

人は正論では動かない・変わらない

とはいえ、そもそも人は、正論によって考え方を変えることなどあるのだろうか。「不謹慎厨」やヘイトスピーチをする人々に、「これこれ、こういう理由で、そんなことをしてはいけない」と伝えても、「なるほど。分かった、もうこんなことはしない」と考えを改めるとは考えにくい。

「不謹慎厨」という言葉は、東日本大震災以後、広く一般に知られることになったものだ。しかし、放射線の被害についての議論を見ても分かるように、合理的な話し合いをするのが難しいのは明らかだ。それどころか、最近では理性的に議論を進めようとすること自体が、暴力的だとして、余計に反発を招いているということもある。

アルコール依存のような依存症や共依存の場合、どれだけ改心し、反省したとしても行動や認知の歪みは、そう簡単には変えられない、ということは先に見た通りだ。松本俊彦は、薬物依存の酷さを教えた患者から、「薬物がどんなに酷いかという話はもういいです。そんなこと

iii―「アメリカの人種法にはナチスから見て魅力的な面がいくつかあった。とりわけ異人種婚に重罰を科すアメリカの稀有な慣習が『ドイツ人の血と名誉を守るための法』の背景に見てとれる。いっぽう『血の一滴の掟』(ワンドロップルール)といった他の点は、あまりに過酷すぎると驚かれた」(ジェイムズ・Q・ウィットマン『ヒトラーのモデルはアメリカだった――法システムによる「純血の追求」』みすず書房、二〇一八)

は、私が一番よく分かっている。私が知りたいのは、どうすれば依存症がやめられるかです」と言われて衝撃を受けたという。彼らが求めているのは、何が正しいかとか、どうしたらいいとかいう正論ではなく、どうすれば、そこから抜け出せるかという具体的な方法なのだ。

「見たくない現実」から目をそむけ、自分に都合の良い「正しさ」だけを信じる。それは、スケープゴートを探し出して善意を暴走させる人々も、自分で自分に嘘をついて、「自己欺瞞」に陥っている人も同じだ。彼らもおそらく、自分がやっていることはおかしいと、心のどこかで感じている。そこにあるのは、「分かっているけど、やめられない」「分かっているから、なおさら、やめられない」という構造だ。

第五章

人はなぜ陰謀論にはまるのか

前章では、依存症・共依存の側面から自己欺瞞について論じた。だが、そもそも歪んでいない認知などないとしたら、欺瞞のない自己などあるのか。いや、そもそも、自己とは欺瞞のことではないのか。本章では、どうして自分に嘘をつき、嘘と知っているにもかかわらず、あるいは、知っているからこそ、好んで騙されるのか。そのメカニズムについて考える。

認知が歪んでいないと餓死する？

心理学・社会心理学から明らかになった、人間の不合理な認知のパターンを認知バイアスという。何かが起きた後で、それは予想の通りだったと考える「後知恵バイアス」、仮説や信念を検証する際、都合のいい情報ばかりを集めてしまう「確証バイアス」、自分にとって都合の悪い情報を無視したり、過小評価したりする「正常化バイアス」など、多くのバイアスが知られており、本書でも度々言及してきた。

確かに、これらのバイアスによって、認知には歪みが生じる。だが、もし全く歪んでいない認知があるとしたら、何が起こるか。たとえば、ここに、何の偏りもないコンピューターがあるとしよう。そのコンピューターに物事を決めさせるとしたら、どうなるか。おそらく、日常の簡単な判断にも、大変な時間が掛かることになるだろう。というのも、判断には、判断を可能にする枠組みが必要なのだが、バイアスを持たないコンピューターは、そうした枠組みを見つけるのが苦手だからだ。

人間でも、まれに、頭に怪我をして、感情を司るとされる脳の部分にダメージを受けることがある。その例が脳神経科学者アントニオ・ダマシオの患者「エリオット」だ。彼は有能なビジネスマンだったが、脳腫瘍の外科手術を受け、脳の「眼窩前頭皮質」を切除した。この場所は、前頭葉と感情を結び付ける部位とされている。その結果、彼は、いわゆる「感情」を失った。しかし、それは、完全に論理的な人間になるということを意味しなかった。彼は、むしろ決断を下せなくなってしまったのだ。

こうした場合に、よく引き合いに出される、ビュリダンのロバという話がある。腹を減らしたロバの左右に、完全に同じ距離、同じ量の干草が置かれていた場合、ロバはどちらを選ぶこともできずに、餓死してしまうという挿話だ。

スコラ学派の哲学者ビュリダンが、あまりにも理性を強調したために、自由意志を主張する立場の学者たちが、それに揶揄的に反論する目的で、この話を創作したといわれている（ちなみに、ビュリダンは「神は、同じ干し草の山を二つも作るような無駄なことはしない」と言って自由意志を否定したという）。私たちには傾き（バイアス）があるので、ごく些細な条件の違いから全く別の結論を導くことができる。おかげで、私たちは、飢え死にしなくても済むわけだ。

認知バイアスや感情は、合理的な判断を妨げるように感じる。しかし、実際には、そのおかげで素早く判断することが可能になる。カーネマンのいう、システム1（ファスト）だ。長い人類史の中では、そうした素早い判断ができる祖先の方が、おそらく生存に適していたのだろう。決断の中身が正しいかどうかはともかく、一見して、断固、決然とした判断力があるように見える人物に人気が集まるのは、その名残かもしれない。

成功者の語りは後知恵バイアスのかたまり

前章で述べた通り、依存症は、学習の結果によってもたらされる自己欺瞞であり、その意味では、規律訓練された認知バイアスだといえる。だが、痴漢や万引きの常習者ではなくても、人は自己欺瞞に陥りやすい。それは、世間から羨まれるような、成功を収めている人の場合でも同様だ。

成功した人が、後から振り返ると、自分のしてきたことすべてが必然に見えるということがある（後知恵バイアス）。これは、成功者が嘘をついているとか、事実を捻じ曲げているということではない。記憶にもスポットライト効果がある。実際には、他にも様々なことをしているのに、自分でも忘れているか、地味過ぎて説明するまでもないか、あるいは、法律に触れないまでも、非合法すれすれで説明しづらい、というケースもあるだろう。そもそも成功者が、なぜ成功したかを分かっているとは限らない。

加えて、受け取る側の問題もある。質問する人は、どうしても、成功者が、どうして成功できたのかを聞きたい。これは無理もないことだ。それに対して、質問された者は、「たまたま、偶然で」とか「才能があったから」と答えるわけにはいかない。言っても、謙遜していると思われるか、そうでなければ、嫌味に聞こえてしまうからだ。そもそも聞き手が、納得してくれない。そのため、期待に沿った答えをすることになる（需要と供給）。すると、成功者は、繰り返し話しているうちに、より受ける話を、分かりやすい表現でするようになる。

分かりやすいことと、正しいこととは違っている。そうだと分かっていても、同じ質問に繰り返し答えているうちに、どうしても、学習してしまうわけだ（反復による記憶の強化と内面化）。これらが合わさった結果、成功者は「自分はこんなに頑張ったから成功した」と自分でも思い込むようになっていく。

成功者に限らず、偉人伝や、回想録から教訓を汲み取るのは悪くない。しかし、教訓はノウハウとは違う。本を読むのはとてもコストが掛かるから、元を取りたくなる気持ちは分かる。だが、本は贅沢品である。元々、ただ楽しむものだ。成功者は本人が覚えている以外にも、たくさんの要因と関係しているのだから、成功者が書いていないこと、話していないことは何か、それを考えるのは大事なことだ。そういうことをしないで、教訓ではなく、ノウハウだけを得ようとすると、宝くじの当選者に、宝くじの必勝法を聞くようなことになりかねない。当選者が宝くじに当たったのは、その当選者が語るノウハウとは無関係だ。大体、必勝法を教授された人がみんな成功するなら、世の中は成功者だらけになっているはずだ。

出版を例にとろう。本を作るのは、コストが掛かる割には見返りの少ない仕事だ。だが、極まれに、とてもヒットする作品があれば、一〇〇〇冊作るのも一万冊作るのも、手間はあまり変わらないから儲かるということはあり得る。

あなたが、どうしても依頼したい作家がいたとしよう。その作家の気を引くために、どうするか。ベストセラー編集者の上梓した本に書いてあったことを真似て、花束を贈る？　作品を暗唱できるようになる？　もしも、それが、その作家の気に入ることなら、そうするのもよいだろう。

むろん、相手によっては、過度な同調に、不信感や警戒感、不快感を持たれて逆効果になることも大いにあり得る。それよりは、「あの出版社、あんな本を出して大丈夫なの？」という問い掛けに、事情をきちんと説明したり、「最近流行っているオンラインサロンって、情報商材やマルチとどこが違うの？」という疑問に、欧米の出版業界の動向を踏まえて、読書倶楽部やコンテンツビジネスの見通しを述べたりする方が、信頼を獲得できるかもしれない。

一般に、情熱を持って努力することは良いことだとされている。もちろん、悪いことであるはずがない。しかし、努力しても嫌いなものを好きになることはできないし、できたとしてもマイナスがゼロになるだけだ。もし、努力したいなら、むしろ、自分でも気が付かないうちに夢中になれるものを探した方がよい。

第四章でも触れたように、凡庸な人ほど個性や特別な経験を語りたがるとヴェーバーも述べている。情熱を傾けるべきなのは研究の対象であって、自分や自分の体験ではないのだ。学問をするというのは、教職選考する人の判断や財産の有無、学生からの支持といった偶然を受け入れた上で、いつ訪れるか分からない（もしかしたら、訪れないかもしれない）学問上の発見、知的なインスピレーションを待つような地味な作業だというのが、ヴェーバーの意見だ。これは他の仕事についても当てはまる。

好きを仕事にするというけれど、したいこととできること、しなければならないことは違う。同じように、才能と好きも違っている。

「好きな仕事」については、ジョージ・ソロスの、こんな話がある。ソロスといえば、ウォーレン・バフェットらと並ぶ、世界でも有数の投資家だ。だが、彼が本当にしたかったのは、カール・ポパーのような哲学の論文を書くことだった。

一九三〇年にブダペストのユダヤ人家庭に生まれた彼は、ナチスから逃れて亡命したアメリカで十分な富を得ると、三三歳で一度、ビジネスから足を洗い念願の哲学論文の執筆に取り掛かった。彼が伝説的なヘッジ・ファンドの運用者として、再びビジネスの世界に戻るのは、論文を書くのを諦めた三年後からだ。

伝記によれば、ある晩餐会で隣に居合わせた婦人から、「お金儲けが好きだと気付いたのはいつか」と訊ねられた彼は、こう答えたという。「金儲けは好きではありません」「ただ、上手いのです」。では、彼は、いつ幸せを感じるのだろうか？　投資で莫大な利益を上げたとき？　あるいは、有益だと信じる社会事業やＮＰＯに巨額の寄付をするとき？　ソロスの答えはいずれでもない。彼が後年、回想するのは、ナチスに占領され炎に包まれたブダペストの町で、水汲みをしていた一四歳の少年時代が「人生で最も幸福な日々」だったというのだ（マイケル・T・カウフマン『ソロス』邦訳　ダイヤモンド社、二〇〇四）。

ニセの名前と身分で生きることは、少年時代の私にとって、わくわくするような体験だった。私たち一家はもちろん、発見されて殺される危険に常に直面していたわけだし、実際、知人や隣人はどんどん殺されていった。だが、私たち一家は、生存したのみならず周囲の多くの人々を助けたおかげで第二次大戦後には勝利者という位置づけになった。私たちは天使の側にいたのであり、とてつもなく成功する確率の低い仕事を成し遂げたのだ。
私は、自分がどれほど危険な暮らしを送っているのかを承知していたが、それでも心の奥底では自分が無敵だと信じていた。最高の冒険だった。映画『レイダース　失われた聖櫃《アーク》』の登場人物になったようなものだ。一四歳の少年にとって、それ以上望みうることがあるだろうか？

（ジョージ・ソロス『ソロスは警告する――超バブルの崩壊＝悪夢のシナリオ』邦訳　講談社、二〇〇八）

この彼の体験談からは、買うべき株の銘柄や、お金儲けの必勝方法は分からない。しかし、成功とは何か、とか、幸せとは何かについて考えることはできるはずだ。成功して幸せになるのが一番良いが、もし、やむを得ず、成功と幸せのどちらかを捨てなければならないとしたら、自分は成功したいのか、それとも幸せになりたいのか？

日本人は洗脳されたか

こうした振り返りバイアス、後知恵バイアスによる自己欺瞞が、個人の記憶だけではなく歴史に働くと陰謀論になる。後から振り返ると、スポットライトの当たった事柄以外は、まるで存在しなかったかのように視界から消えて、すべてが戦略や何らかの意図に基づいた、歴史的必然のように錯覚させるからである。

有名なケースを例にとろう。日本人が敗戦後に「ウォー・ギルト・インフォメーション・プログラム（WGIP）」と称する、GHQ（連合国軍総司令部）の洗脳工作を受けていて、それが現代の日本の政治や社会に大きな影響を与えているという話がある。保守派の一部に見られる主張だ。

「ウォー・ギルト・インフォメーション・プログラム」という言葉自体は、文芸評論家の故・江藤淳が『閉された言語空間——占領軍の検閲と戦後日本』（文藝春秋、一九八九）で紹介したものだ。GHQの文書から見つけた江藤は、「ウォー・ギルト・インフォメーション・プログラム」と表記した。

彼の主張は、日本人が戦った「大東亜戦争」の意義が、米国人が戦った「太平洋戦争」によって上書きされ、「歴史記述のパラダイム」が組み替えられたというものだった。彼の考えでは、大東亜戦争と太平洋戦争を一体化した、もっとも大規模なプログラムが、極東国際軍事裁判（東京裁判）ということになる。

ただ、江藤が見ることができた史料は、当時公開されていた一部分だけで、彼の時代には、プログラムの全容や客観的な効果は明らかになっていなかった。こうした江藤の考え方は、当初から保守派の一部からも、為にする議論であるという批判がなされていた。アメリカから本気で扱われることがないと、分かった上でやっているという指摘である。

そもそも「ウォー・ギルト」の訳語も、論者の間で一定しない。それは、この研究対象が、ジャーナリスティック過ぎて非学問的だと思われているからだけでなく、「戦争の有罪性」という考え方そのものが、私たち日本人の間に、定着していないからかもしれない。いずれにせよ、プログラムらしきものは存在するものの、その効果は限定的で「洗脳」といえるようなものではないことが、少なくともいまでは、学問的には明らかになっている。

賀茂道子は『ウォー・ギルト・プログラム――GHQ情報教育政策の実像』（法政大学出版局、二〇一八）のあとがきで、こう書いている。

私が、占領期に行われた「ウォー・ギルト・プログラム」という情報教育政策の存在を知ったのは、修士論文で日米の原爆言説の比較に取り組んでいたときだった。早速調べてみるとGHQ民間情報教育局のもと、新聞に「太平洋戦争史」が連載されたこと、そのラジオ版である「真相はこうだ」が放送されたことはすぐに把握できたが、それ以上の詳細な実体は不明だった。それにもかかわらず、ネット上には『GHQがこのプログラムを行うことで日本人を洗脳し自虐史観を植え付けた』といった言説があふれていた。日本が米国の原爆投下を批判できないのは、このプログラムによって洗脳されたからだともあった。本書の冒頭でも触れたように、「ウォー・ギルト」という概念は、日本ではなじみが薄いものである。そのような概念を、たった一〇日間の「太平洋戦争史」の連載と、二ヶ月間の「真相はこうだ」の放送だけで、国民に理解させ、植え付けることが可能だろうか。もしそれが可能であるのなら、いったい「ウォー・ギルト・プログラム」とは、いかなるものなのか。こうした疑問に端を発した「ウォー・ギルト・プログラム」に対する関心は修士論文執筆中、ずっと心の奥底にあったように思う。

賀茂の研究は、真っ当な疑問から常識的な結論を導き出すのが、いかに学問的な努力を要するかを示している。逆にいえば、陰謀論や陰謀史観に惹かれるとき、人は、こうした当たり前で普通の疑問（「そんなに簡単に洗脳なんてできるのか？」）を抱かない状態になっている、というのはとても興味深い。

「保守論客ケント・ギルバート」の誕生

長年、ケントに忍耐強く説いていった。彼は真面目なので、話を聞いてくれた。私たちがケントを変えたんだ。

バテレン（筆者注・戦国時代のキリシタン司祭・神父）を改宗させたようなものだ。最初はヘンリー・ストークス[i]を十数年かけて「調教」したのだが、ケントはその次だった。最初はいずれも、慰安婦や南京の問題について、日本が（悪事を）やったと考えていたんだ。

高齢で体調がすぐれないストークスに代わって、最近のケントは著書を多く出して頑張っている。「転びバテレン」だからこそ、彼は自分でしっかり勉強をしているみたいだ。

こう述べているのは、外交評論家の加瀬英明だ。フリールポライター・安田峰俊のこの記事（『ニューズウィーク日本版』二〇一八年一〇月三〇日号　特集「ケント・ギルバート現象」）の内容は、「転びバテレ

---

i―知日派の英ジャーナリスト。フィナンシャル・タイムズやニューヨーク・タイムズの東京支局長を歴任。最近では、靖国参拝を行ったり、『大東亜戦争は日本が勝った』（ハート出版、二〇一七）を出版したりするなど、保守派寄りの言動が目立つとされている。

ン」や「調教」という表現の強さから、一部で衝撃をもって迎えられた。

一方、保守陣営の中では、「われわれは記事に書かれているような内容は、分かっていて、あえてやっているのだ」という声もあると聞く。「最初から分かっていた」「思っていた通りだ」「折込済み」「想定内」というのは、自分が最初に抱いた印象や考えを変えるのは不快なので(認知不協和)、変えないで済ませるための追認バイアスの典型だ。

宮台真司『権力の予期理論——了解を媒介にした作動形式』(勁草書房、一九八九)には、貢ぎ女の予期が出てくる。男に貢いだ女が、投入したコストを回収したいために、これだけ尽くしたのだから、いつか分かってくれるとか、ときどき優しくしてくれるとか、認知の方を変えることで、現実の相手の男を理解することを「あえて」避けるのだ。こうした「あえて」する自己欺瞞は至るところで見受けられる。ただ、彼らは知らないのではなく、知っていて、そうするのだ。

ケントは自分の保守への転向のきっかけの一つとして、一四年に朝日新聞が従軍慰安婦についての誤報を認めたことを挙げている。実際の海外の受け取られ方はどうだろうか。

政治学者の木村幹は、歴史戦と称して従軍慰安婦問題を議論する日本人について、海外では、しばしば、次のように説明することにしているという（いずれも二〇一八年一二月一二日のツイート）。

実際問題、アメリカに行くと「どうしてあんな事をするのか（どう見ても逆効果だろ）」と聞かれる事は多く、その度に「一種の国内向けパフォーマンスだと思ってください」と説明する事にしている。アメリカで「朝日新聞が！」的な説明するのもその証左。日本の新聞なんてアメリカ人は知らないもんね。

わざわざアメリカに来て、韓国系・中国系「アメリカ人」等の市民団体を批判し、元慰安婦や元労務者に侮辱的な言葉を使い、盛大に顰蹙を買って帰る人々の行動は、余りにも合理性がないので、「何故その様な明らかに非合理的な行動をするのか」という観点から政治学の研究対象になっている位である。

朝日新聞が間違いを認めたことは事実だが、それが世界に与えた影響については第三者委員会の調査（東京大学・林香里ら）が報告しており、ウェブ上からダウンロードして誰でも読むことができる。内容は、影響が極めて限定的というもので、木村の発言を裏付けている。日本人が思っているほど、世界は日本に興味がないし、朝日新聞は世界で知られていない。

従軍慰安婦問題についての、こうした感覚は海外だけのものではない。元大阪府知事、元大阪市長の橋下徹は、憲法学者の木村草太との対談でこう述べている。

政治家の多くは、1965年の日韓基本条約と2015年の日韓合意を理由に、韓国は慰安婦問題をもう持ち出すなと言うけれど、僕は議論しないといけないと言い続けてきました。日本も韓国も民主国家であり、有権者の支持があって権力が成り立つ国です。ところが、韓国民、特にこれからの韓国を支える世代の多くが、慰安婦問題についての日本の対応に不満を抱いていますし、日韓合意も7割が反対しているような状況です。さらに、2000年の国連安保理決議1325では、女子に対する性的な戦争犯罪責任は永久的に追及される旨が規定されました。東アジアの地域において自由主義と民主主義を守るために日韓関係は重要であり、そうであれば両国民が真に納得する解決を探らなければなりません。

8月14日に文在寅《ムンジェイン》韓国大統領が、「慰安婦問題は日韓の問題だけでなく、戦時の女性暴力として人類普遍の問題である。世界が反省し、二度と同じことを起こさないと決意することで解決される」と発言しました。まさに、これまで僕が言い続けてきたことと同じです。日本は、「慰安婦問題はすでに解決済み」と突き放すのではなく、「世界の反省と決意のために努力しよう」と韓国に呼びかけるべきです。

（橋下徹・木村草太『憲法問答』徳間書店、二〇一八）

人は自分に洗脳される？

経済的合理性によってだけ判断すると仮定された人間を、経済人《エコン》というとすれば、陰謀論的な合理性によって切り詰められた人間は、差し詰め「陰謀人」とでも呼ぶべきだろう。そこにあるのは、「人は簡単に操作できる」という極めて操作主義的な人間観だ。

松本俊彦は薬物依存について、「最初のうちはコントロールできると思っているが、やがて、その薬物にコントロールされることになる」と述べている。確かに、私たちは影響されやすく、様々なバイアスに支配されている。しかし、それは、必ずしも、他人の意志の思いのままになるということではない。

たとえば、一秒間に二四コマある映画のフィルムの中に、一コマだけ広告を紛れ込ませておくと、その商品が買いたくなるという、いわゆる「サブリミナル効果」が謳われたことがあった。だが、いままでは、その効果はかなり限定的だということが分かっている。

また、学生を囚人と看守の二つのグループに分けて監獄のような環境に置いたところ、囚人側の学生はどんどん従順で卑屈に、看守側のグループは尊大で攻撃的になり、ついに途中で実験を中止することになったという、「スタンフォード監獄実験」については、演技指導があった可能性があると、フランスの社会学者ティボー・ル・テクシエが指摘している（“Histoire d'un Mensonge” 2016）。

二〇〇一年に、スタンフォード監獄実験と同様の「BBC監獄実験」を行ったアレックス・ハスラムとスティーブン・ライヒャーらによれば、囚人役の参加者たちは連帯して、看守側の参加者に抵抗したという（Elfy Scott「人は環境によって悪魔になるのか あの『監獄実験』がいま再び見直されている」“BuzzFeed News” 2018/9/29）。実験そのものについては、まだ、分からないことがあるので、これから検証が必要なことはいうまでもない。だが、単に環境によって人が悪魔になるという解釈は、どうも単純過ぎるようだ。

私たちは、人に影響を与え得る技術を手に入れたものの、影響を与えた結果がどうなるか、どう影響を与えるべきかについてはまだ十分に知らない。条件次第では、従属もすれば、自由を求めて抵抗もするというなら、その条件とは何かを考える必要があるはずだ。

ケント・ギルバートのベストセラー『儒教に支配された中国人と韓国人の悲劇』（講談社＋α新

書、二〇一七）の中には、真偽不明の中国共産党の日本侵略計画文書「日本解放第二期工作要綱」が、「ニセモノだとすると『出来過ぎ』です」として紹介されている。真偽不明な文章を載せている点を安田峰俊に質問され、ケントは、次のように答えている。

若干そういうのも入り込むよ。だから、読者は、僕の書いたことをうのみにしなくてもいいの。これ（工作要綱）はスタッフが調べてきたんだ。

（『ニューズウィーク日本版』前掲）

このように、氏自身の言葉からは、口述筆記をもとに出版社側のライターがまとめたものを、日本人スタッフと著者がチェックし、手を入れるという制作体制の存在が窺える。だが、残念ながら、こうした制作体制を批判できる出版社は、それほど多くないはずだ。ケント以外にも、自ら書いていないことを公言している著者もいる。

僕たちはファクトにこだわっているし、僕は陰謀論は嫌いなので、書かないようにしている。「陰謀ではなく事実」がポリシーですね。個人攻撃もあまり興味がない。個人（の人格への）攻撃よりも、その人がやっている間違った行為を指摘することにしています。

（『ニューズウィーク日本版』前掲）

自己欺瞞とは、自分で自分に嘘をつくだけでなく、自分でそれを信じてしまうことだとしたら、自分に嘘をつき、そして、それを信じてしまっているのは、調教したと称している側だろうか、された側だろうか？　それとも、それを見て笑っている私たち読者だろうか？

こうした自己欺瞞を指摘されても、彼らは痛くも痒くもないだろう。なぜなら、「あえて」やっているのだから。だが、私たちが、そうした「あえて（自己欺瞞）」に付き合わなければならない理由は少しもないはずだ。

データの測り過ぎ

社会に溢れる「コンテクストのテキスト化」は、単に、それまで見えなかった文脈を明らかにするだけでなく、都合良く編集されてしまえば、フェイクニュースにもなるといった、様々な問題をもたらしている。そうした中で、「自分だけは動員には乗せられない」と抵抗したくなるのは無理もない。気持ちは分かるが、しかし、それは、おそらく上手くいかないだろう。現代の社会では、SNSの普及などによって、「支配する側／される側」「動員する側／される側」が密接に結び付く。そして、双方が簡単に入れ替わることすらできるようになった。ある動員には乗せられなくても、別の動員には知らないうちに乗せられている、ということは、ほとんど避けられないだろう。

「これは人間の幸せ、自由、人生すら台なしにする恐れがある」

スタンフォード大学で心理計量学（サイコメトリクス）を教える、マイケル・コジンスキー准教授は、自分の論文に、このように記すようになった（以下、Hannes Grassegger & Mikael Krogerus "The Data That Turned the World Upside Down" "MOTHERBOARD" 2017/1/28より抜粋）。彼は、ケンブリッジ大学で研究しているときに、Facebook上の性格診断アプリ「MyPersonality」を利用して、利用者の「いいね！」や、何をシェアしたかと、性別・住所・年齢などの属性を結び付けた。

考え方は、これまでの性格診断テストと同じだ。いくつかの質問に答えていくと、「あなたの性格は〇〇です」と診断してくれる。心理学でいう「ビッグ・ファイブ」、①開放性（Open）、②誠実性（Conscientious）、③外向性（Extraversion）、④協調性（Agreeableness）、⑤情緒安定性（Neuroticism）をもとにしている。

数千件、数万件とデータをとっていくうちに、一人の人の六八件の「いいね！」を見れば、肌の色（九五パーセント）、性的指向（八八パーセント）、支持政党（八五パーセント）を、それぞれの確率で当てられるようになった。さらに、知能、宗派、酒・たばこ・ドラッグの使用、親が離婚しているかどうかも分かるようになった。さらに調査を続けると、普段付き合っている人でも分からないような行動が、いろいろ分かるようになってきた。

彼はこう言っている。


「無意識のときまで、ずっと性格判断テストの答えを埋めてるようなものだ」

「コンピューターは私たちよりもずっと正確に人間を理解しているのです」

「10の『いいね!』を見るだけで同僚よりもよくあなたの特性を知ることができるんですよ」

「70の『いいね!』で友人のレベルを超えるのは充分です。150『いいね!』で両親、そして350『いいね!』で配偶者のレベルに達するのです」


この研究を発表すると、その日のうちに二本の電話が掛かってきた。一つは「訴えるぞ」という脅迫。もう一つは、「うちで働かないか」というオファー。どちらも電話の主はFacebookだったという。

彼には、行動から性格を読み取るという、この分析方法を使えば、情報の与え方次第で、行動を左右できる危険性も分かっていた。そのために、彼は、ビッグデータ解析とデジタル革命の危険性について、世界中を講演して回っていた。

二〇一四年に、あるところから、研究を活用させてほしいとの申し出があった。調べてみると「選挙管理代理店」とあるが、よく分からない。しばらくすると、その会社のことが新聞でスクープされ、選挙の世論操作を行う会社だと分かった。そんなものに協力させられては堪らないと思ったコジンスキーは、連絡するのをやめ、大学当局に通報した。それで、話は終わるはずだった。

ところが、コジンスキーは、二〇一六年六月、イギリスのEU離脱が決まった際、行く先々で「とんでもないことをしてくれた。どうしてくれるんだ」と詰め寄られることになる。何のことか最初は分からなかったが、やがて理由が判明した。コジンスキーにコンタクトしてきて彼に通報された会社から、分かれてできたのが「ケンブリッジ・アナリティカ」だったのだ。

ケンブリッジ・アナリティカは、二〇一六年のアメリカ大統領選挙で、トランプ陣営に協力し、「デジタル・ゲリマンダリング」と呼ばれる手法を用いて、ネット・ショッピングで得た一千万規模の有権者の個人情報や、Facebookの「いいね！」をもとに分類し、少しでも可能性のある有権者には、ピンポイントでメールやネット広告を大量に流し、自陣営への誘導を図ったといわれている。

同年一一月、コジンスキーは、講演で訪れたチューリッヒのホテルで、トランプ当確のニュースを呆然と眺め、深い溜息をつきながらテレビを消したという。二〇一八年五月二日、ケンブリッジ・アナリティカは廃業を発表したが、その声明は「ケンブリッジ・アナリティカがした業務は合法なだけでなく、インターネット広告の業界で標準的な慣行だった」というものだった。

フェイクニュースを見分けるリテラシー

コジンスキーの場合は、まさしく善意からビッグデータ解析の危険性を訴えていたら、利益目的の人間に目をつけられてしまった。

では、こういうケースはどうだろう。

ジェスティン・コーラーは、二〇一六年一一月、米大統領選挙投票日直前に、「クリントン氏のメール流出問題を追及するＦＢＩ捜査官　無理心中はかり死亡」というフェイクニュースを流した張本人だ。洪由姫のインタビューから彼の発言を拾ってみよう（『クーリエ・ジャポン』二〇一七年五月九日）。

「後からフェイクニュースだと話をしましたよ」

「フェイクニュースが驚くほどの早さで広がっていくのを知って、どんなトピックが拡散するのか、人々がどれだけその話を信じるのかを見たかったんだ」

「同じようなことをリベラル派の人たちに向けても発信しましたが、うまく行きませんでした。『嘘だ』というコメントがついて、その後はフェードアウトしていくというパターンです」

「でもトランプの熱烈サポーターは違った。彼らにフェイクニュースの雫をたらすと火事のように燃え広がったんです。彼らが心底聞きたかったことを与えたんです」

実は、彼は民主党の支持者で大統領選ではヒラリーに投票したという。彼は、自分の行動が選挙の結果を左右したか、と問われて強く否定している。

「トランプの勝利には、フェイクニュースとは関係のないさまざまな理由があります。(中略)ヒラリーは候補者としてとても弱かった。そしてこのフェイクニュースの問題はずっと前に指摘されるべきことだったんです」

最盛期には、一カ月に一万ドルから三万ドル(約一一〇万〜三三〇万円)の広告収入を得たことは認めているが、目的はお金ではなく、フェイクニュースがどれだけ早く広がるかを見せるのが目的だったという。そして、いま、コーラーは、フェイクニュースサイトから引退し、メディアリテラシーを向上させるための活動をしているという。

「ニュースの読み手それぞれが、フェイクニュースを見分ける方法を考えていく必要があります。読者は何が事実で、事実でないか見分けることができてしかるべきですが、いまのアメリカ人には、まったくそのリテラシーが備わっていません。本当ですよ。すぐに対策を講じる必要があると感じています」

彼は、実際に、『60ミニッツ』（米、CBSテレビ、二〇一七年三月）に出演し、どういった方法でフェイクニュースを拡散したのか詳細を説明している。市民に、フェイクニュースの「作られ方」を教えることで、リテラシーを身に付けられると考えているわけだ。

「両論併記」は公平ではない

メディアリテラシーを身に付ける必要がある。誰もがそう言う。だが、そうした方法はどれほど有効なのだろうか？　実は、ここで悲観的な報告がある。私たちは、いったん見抜いた嘘でも、繰り返しそれに触れれば慣れが生じ、信じる人たちが現れるというのだ。

高齢の参加者と若者に、明らかに嘘だと分かる情報を与える。この嘘情報は「サメの軟骨が関節炎に効く」など、そういったものでかまわない。話を聞いた直後は、誰もがみんな、この話は眉唾だと見抜く。ところが、数日後に、もう一度、この話をすると年配の参加者の中には、本当に「サメの軟骨が関節炎に効く」と思う人の割合が増えるという。繰り返しによって、「サメの軟骨が関節炎に効く」という言説自体に慣れてしまうからだ。

高齢者の方が信じやすいのは、年を取ると顕在記憶が衰えるので、「事実っぽさ」と「事実」を区別し難くなるからだと考えられている。

ここから、分かることは何だろう。メディアが間違った情報を正そうとしても、情報が拡散されれば、一部の人たちは、かえって、それを事実として受け止める可能性が高くなるということだ。新聞やテレビの討論番組では、対立する意見の人を並べてディベート風にすることがある。だが、一見公平そうに見える、こうした形式的な疑似両論併記は、片方が明確に間違っている場合には、ただいたずらに混乱させるだけになる。間違った情報でも繰り返されているうちに、それに慣れてしまうからだ。

ニューヨーク大学のアダム・オルター教授（マーケティング学）によれば、「対象に注がれる意識を、特定の情報を選択して買うための予算と考えると分かりやすい」という。情報の処理しやすさ（処理流暢性 processing fluency）が高いと、知るためのコストが低い。慣れ親しんだ馴染みのある、滑らかな情報をポジティブに判断しやすいのは、そのせいだ。だから、気を付けないと、善意から、この情報はデマだと言って広めることが、逆に嘘を本当だと思わせることになってしまうというわけだ（デレク・トンプソン『ヒットの設計図――ポケモンGOからトランプ現象まで』邦訳 早川書房、二〇一八）。

動員されない、されても立ち直れる社会の仕組みとは？

しかし、だからといって、何も悲しむことはない。滑らかさを下げることで、対応できるからだ。たとえば、筆記試験の場合、同じ設問でも、故意にフォントを読み難いものにすることで、正答率が上がることが分かっている（前掲書）。これは、昔から映画の字幕についてもいわれていたことだ。

このように、私たちの認知バイアスを踏まえた上で、環境の方を変えることによって、完全とはいかないまでも、かなり上手くバイアスを逆に利用して動員から身を守ることはできる。

動員される前に自分自身を動員してしまえという、この方法については前に別の本でも書いた。その意味では、本書の立場は、一人でやるだけでなく、みんなでやった方が上手くいく。そうするためにはどうするか、それを考えるということになる。仮に動員されたとしても、そんなに酷くなる前に、立ち直るためには、どうしたらいいか。それを、みんなで考えようというわけだ。

アメリカの社会心理学者ジョナサン・ハイトは、「理性への信頼は、合理主義の妄想」だと言っている。彼が言っているのは、すべての選択肢を見渡すことはできないし、将来の価値と、いま現在の価値を比較することもできないのだから、それを実現するという完全な理性はただの神話に過ぎない、ということだ。

重要なのは、ファストかスローか、あるいは、理性か感情かといった単純な二分法のうちの一方を闇雲に持ち上げたり、無闇に退けたりすることなく、どちらか、あるいはどちらも、上手く働かなくても困らないようなシステムを社会の側でも考えることだ。では、そうした社会はどのようにしたら可能なのだろうか？

第六章　あなたが世界に変えられる前に

システムの過剰適応・人間の過剰適応

これまで見てきたように、現代社会は、私たち人間に合わせて高度に分業化と専門化が進んでいる。私たちの属性に合わせて細かく需要に応えてくれる社会の仕組みをシステムと呼ぶなら、システムは私たちに最適化されている。一方、私たち人間もシステムに適応する。私たちの選好に合う情報だけを届けるレコメンデーション・システムのように、システムが私たちに合わせて最適化されることを善意による支配と呼ぶなら、選好に合う情報だけで満足しその他を求めなくなるフィルターバブルのように、私たちがシステムに合わせて最適化されることは、善意による被支配だ。

システムと人間の互いの適応が、行き過ぎを生む。行き過ぎた適応（過剰適応）は、システムによる人間への過剰適応が官僚制として、人間のシステムへの過剰適応が、依存症（アディクション）として表れているといえる。

こうした、行き過ぎを解決するにはどうすればよいか。システムの全面的な改修も、人間性の劇的な向上も望めないのであれば、別の方法を考えなくてはならない。だが、そもそも、適応し過ぎないように適応することは可能だろうか。行き過ぎか行き過ぎでないか、前もって決めておくことはできないし、こうすればよいというマニュアルもない。その都度、状況に応じて、どこに線を引くか決めるしかない。これは個人の良心や信条でどうにかなることではない。一人ひとりが、どう生きるべきか、というのが、倫理だとすれば、このような線引きは、私たちがどういう社会を生きるべきかという道徳の問題だ。

家族か国家か、愛か法か

伝統的にリベラリズムでは、相手の身になって考えることが、良いことだとされてきた（第二章）。自分と相手の立場を入れ替えてみて、受け入れられないと感じるかどうか。中国の古典『論語』は「己の欲せざるところを他人に施すことなかれ」という。優れた考え方だが、難点が二つある。一つ目は、そもそも人は置き換え不能だからこそ、尊いのではなかったか。二つ目は、より実際的に、自爆を試みるテロリストのように、自分はどうなってもかまわない人には、この論法は通じないということである。同じ儒教でも孟子はこう言っている。

> 人皆人に忍びざるの心有りと謂ふ所以《ゆえん》の者は、今《いま》人乍《たちま》ち孺子《じゆし》の将《まさ》に井に入らんとするを見れば、皆怵惕《じゆつてき》惻隠《そくいん》の心有り。
>
> （『孟子』公孫丑章句上）

人には皆、他人の不幸を見過ごせない気持ちがあり、井戸に落ちかけている子供がいたら、どんな人でも驚いてはっとし、かわいそうに思う気持ちがある。「そもそも、人はそのようにできている」ということだ。まるで行動経済学や進化生物学みたいだと感じるかもしれない。

システム1（ファスト　感情・直感・共感）惻隠の情
システム2（スロー　理性）リベラリズム　己の欲せざるところを他人に施すことなかれ

道徳は人の本質（本性）であるという孟子に対して、孔子は徳は育った村によって異なるという。

葉公《しょうこう》、孔子に語りて曰わく、吾《わ》が党に直躬《ちょくきゅう》なる者あり。其の父、羊を攘《ぬす》みて。子これを証す。孔子曰わく、吾が党の直《なお》き者は是れに異なり。父は子の為めに隠し、子は父の為に隠す。直きこと其の内に在り。
（『論語』子路第十三・十八）

葉県の長官が孔子に言う。うちには正直者の躬というものがいます。父親が羊を盗んだところ、それを訴えたのです。すると、孔子が応えて言う。「私の村の正直というのはそれとは違います。父は子のために罪を隠し、子は父のために罪を隠します。本当の正直とはその中にあるものです」。

近代的法治国家に住む現代の私たちからすると、いくら親だからといっても庇うのは良くないのではないかと思う。しかし、これは古代中国だけのことではない。現代中国では、一斉に大勢の子が親を訴えたことがある。文化大革命だ。英語の雑誌を読んでいるだけで反革命だとされ、親は、公衆の前で辱めを受け、反省を強いられ、処罰・処刑された。こうしたことは旧共産圏でだけ起きたわけではない。

民主国家であるアメリカでも、「赤狩り《レッドパージ》」では、社会規範を守ることが私的な友情や親密さを守ることより優先された。「もしあなたが売国的な共産党員でないなら、あなたの知っている党員や同調者の名を挙げてください。もし拒むなら、あなたを共産主義者と見なします」。

家族か国家か、愛か法か、その二つの誤差をうめる葛藤こそが倫理や道徳を生む。だが、そんな面倒なことは考えないで、すべて功利的に済ませようという人もいるらしい。『大人の道徳――西洋近代思想を問い直す』（東洋経済新報社、二〇一八）の著者・古川雄嗣は、教科化された道徳の教科書について、こう述べている。

「実は自民党は、『国民意識を持って主体的に国家を担いなさい』というナショナリズムや、『私利私欲を犠牲にして公共の利益に尽くしなさい』という公共精神を教えようとしているわけではないんです」

「道徳の教科書を開いてみると、『個性を大事にしよう』『自分らしさを磨こう』『夢に向かってがんばろう』といった言葉がこれでもかというぐらい出てきます」

「だけど、これも結局は、他人とうまくコミュニケーションできてチームワークができるという能力や道徳性がないと、将来サラリーマンとして会社でうまくやっていけないからでしょう」

「実際『子どもの頃に道徳教育をきちんと受けた人間は、そうでなかった人間に比べて収入が多い。だから道徳教育が必要だ』とあからさまに言っている学者もいる」

（いずれも「『道徳教育を受けた人は収入が多い』は本当か？」東洋経済オンライン　二〇一九年二月一五日）

サンデルの理想はどう考えたらいいのか

道徳といわれて、NHKのテレビで放送していた、マイケル・サンデル「白熱教室」のトロッコの話を思い出す人は、一体、どれくらいいるだろう。トロッコ問題は、道徳心から生まれるジレンマを考察するための思考実験だ。制御不能なトロッコがあり、そのまま進むと作業員五人が死に、分岐点で線路を切り替えると、その先にいる作業員が一人死ぬ。そのとき、線路の分岐点にいる人はどうすべきか、という問いだ。

いま、震災前と同じようにトロッコ問題を話題にする人はいないだろう。だが、『サンデル教授、中国哲学に出会う』（マイケル・サンデル編 邦訳 早川書房、二〇一九）を読んだ人は、哲学の分野でも、日本は米中に置いてきぼりにされていると感じるかもしれない。

サンデルのリベラリズム批判は、中立で負荷のない主体などあり得ないということにまとめられる。人は育った村や町の習慣や伝統的なものの考え方から離れて、自由に考えることはできないといったイメージだ。それに対してリベラリズム側からは、サンデルのいう負荷は強過ぎるという反論がなされてきた。興味深いのは、複数の中国の論者が、サンデルの主張する負荷は、むしろ弱過ぎると述べていることだ。

この中国の知識人たちのサンデル批判は、サンデルのリベラリズム批判と同じ構造を持っている。彼らからすれば、サンデルは半分リベラリストなのだ。ある論者は人権が中国ではそれほど重要ではないと主張し、市民道徳より調和の方が重要だという。これに対するサンデルの応答は興味深いが、ここで取り上げるのは、サンデルと彼らの意見が一致した点だ。

ストラディバリウスのような優れた楽器は、大金持ちより、名演奏家が持つことが望ましい。これは、もちろん、調和《ハーモニー》から連想された、単なるたとえに過ぎない。だが、ヴァイオリンとヴアイオリニストではなく、党と国家、国家主席と人民あるいは大統領と市民だったら、どうだろう。人民や国家は党や国家主席に支配されるために存在しており、その方が幸せなのだと言ったら多くの人は、危ういと感じるのではないか。木の立場からすれば、楽器ではなく家や船になりたかったかもしれないし、そもそも、切られずに、仲間と風に吹かれていた方が幸せだったかもしれない。

もしも人が身に付けた習慣や伝統を離れて判断することができないとしたら、道徳的判断もまた、それらとは離れてはあり得ないということになる。共同体の道徳＝正義は、国境を越えられるかどうかについては昔から議論が分かれる。共同体の道徳を狭い意味で、アメリカ市民、中国人民の道徳と捉えるなら、国境を越えないのは当然だ。しかし、予め決まっている目的を達成するのではなく、話し合いを重ねることで目的そのものを作っていく共和主義の理念こそがサンデルの考える理想だとするなら、国境を越えられるかもしれない。

もちろん、そんなものはグローバリゼーションの正当化に過ぎないという批判はあり得る。しかし、だからといって、社会が豊かになり個人の選択の自由が増えることを単純に悪いとはいえない。

『サンデル教授、中国哲学に出会う』の冒頭で、サンデルの講義を聞いた女性大学院生がダフ屋でチケットを買うのをやめ、中国国内でのエリートコースに乗るのをやめて国外に出るのを選ぶシーンに感心する人は多いだろう。

グローバリズムや資本主義が簡単に否定できないなら、その力を利用して、自らの信じる対話を実践してみせる。賛成するかどうか、成功しているかどうかは別にして、それが、共和主義者としての彼の哲学的戦略なのだ。サンデルを否定するなら、彼より、上手いやり方を考えなくてはならない。

モラル・エンハンスメントとは何か

マンガ・板垣巴留『BEASTARS《ビースターズ》』（秋田書店、二〇一七～）では、擬人化された肉食獣と草食獣がともに全寮制の学校で生活する。その際に、肉食獣は自分の筋肉を抑えるために薬を服用している。ところが、草食獣が肉食獣によって襲われ、殺されるという殺人事件が発生し、主人公のハイイロオオカミの少年が疑われることになる。このマンガは人気があり、すでに高い評価を得ている。

だが、マンガではなく、現実に、現代の科学力で寛容で居心地の良い社会を作ろうという人たちがいる。オックスフォード大学のイングマー・パーソン（哲学）とジュリアン・サヴァレスキュ（生命倫理）は、これまでのように教育によって人間の道徳性を高めるのは時間がかかり効果も限られている。だから、科学技術の力を借りる「モラル（バイオ）・エンハンスメント」を唱えている。

「エンハンスメント」は「増強」という意味だ。科学技術によって道徳性や知性といった人間本性（Human Nature）を「増強」することで、道徳教育の成果を底上げできるというのだ。不和よりも協力を志向する遺伝子を持つ胚を選別したり、そのような遺伝子を含む人工染色体を胚に組み込んだりする方法などが挙げられている。

その中でもすでに実現しつつあるのが「道徳ピル」だ。最近の脳科学研究により、オキシトシンなどの共感能力を高める脳内物質が発見されたことで開発が進んだ。オキシトシンは、闘争欲や恐怖心を鎮め、他者との親和的で協力的な行動を促すとされる。日本でも「幸せホルモン」などと呼ばれている。アメリカでは、自閉症やアスペルガー症候群など、対人コミュニケーションに難しさを感じる人々の治療薬としてすでに認可されている。

また、再犯率が高いとされる性加害者に、本人の同意を得て、性欲が減退する薬を飲ませることで、社会復帰を図るという試みも成果を上げている。だったら、こうした薬は治療だけでなく、より良い社会を作るために使うべきだ、とサヴァレスキュたちは言う。

確かに、道徳的感受性が低いために「思いやり」を持ちにくかったり、平均より攻撃性が高かったりする人たちは世の中に一定程度いる。もしも、その理由が人間性ではなく、単に脳内物質が少ないからだとすれば、「道徳ピル」で協調性や共感を高めることができるはずだ。

だが、サヴァレスキュたちの主張はそれに留まらない。彼らは、「道徳ピル」を飲むことを皆に義務化せよ、という。なぜなら、「問題がある」と思われている人々だけでなく、人間は誰でも潜在的な人種的偏見や攻撃衝動を持っているからだ。道徳ピルによってそうした衝動を抑えられるなら、民族紛争や宗教対立、飢餓、内戦、ヘイトクライム、性差別など、不寛容が原因で起きる様々な問題の解決につながるはずだ。

「社会が変わらないとだめなんです」

二〇〇五年『Nature』に掲載された、フランクフルト大学の経済学者ミハエル・コスフェルドたちが行った実験がある(Michael Kosfeld, Markus Heinrichs, Paul J. Zak, Urs Fischbacher, Ernst Fehr, "Oxytocin increases trust in humans" Nature, Vol. 435, 2005.)。

健康な男子大学生五八人を、資産を持つ「投資家」と運用する「信託者」に分け、さらに「投資家」を二つのグループに分け、一方には本物のオキシトシンを、他方には何の効能もない偽薬を与えた。すると、オキシトシンを与えられたグループだけが、全額に近い資産を「信託者」に委ねた。また、オキシトシンと同様の薬を用いた実験でも、服用から一〜二時間後に潜在的な人種的偏見の傾向が著しく低下したという。

その一方、偏向的になったり、必要な感情的反応全般が鈍くなったりするなど深刻な副作用が見られる他、効果は限定的だという報告もある。いずれにしても、薬が可能にしているのは興奮を抑えたり、他人を信用しやすくしたりする、ということでしかないことはいうまでもない。

だが、科学技術によって、人間の本性を「改造」「増強」しようとすること自体はこれまでも行われてきた。たとえば、メガネによって視力を補正することに、私たちは何の不思議も感じない。しかし、最初からそうだったわけではない。朝鮮や中国では、「身體髪膚、之れを父母に受く、敢へて毀傷せざるは、孝の始なり」、眼鏡をかけることは、親不孝だと考えられ、親の前では眼鏡を外した。映画『ラストエンペラー』で、完全無欠でなくてはならない皇帝が、民衆の前では眼鏡をかけないというシーンがあったのを憶えている人もいるだろう。

だが、今日では、出生前診断はおろか人工授精まで行われるようになっている。では、儒教的な伝統はなくなってしまったのかといえば、そうではない。むしろ、韓国では宗族が根強く残っているため、いまでも直系の男子を尊ぶ。一方、教育費などの子育てコストは増大している。産むなら男の子一人が合理的だ。結果として、性別の出生前診断や男子を産むための人工授精が行われている。

眼鏡をかけることが「親不孝」なら、子孫を残さないのも「親不孝」だ。同じ「親不孝」でも、これほど違う。では、誰が、それを決めているのか。

二〇一六年に韓国で出版され一〇〇万部を突破した『82年生まれ、キム・ジヨン』（邦訳 筑摩書房、二〇一八）の主人公も、妊娠したのが男の子でないことに引け目を感じている。「長幼序あり」、韓国では年長者には「友達のような口の利き方」をしない。だから、会話が始まる際は、まず、年齢をはっきりさせる。

キム・ジヨンは実際に、韓国で一九八二年に生まれた女性でもっとも多い名前だ。子供の頃から、男親からご飯を供するのが当然だと習った。学生時代、男子学生に後をつけられて怖い思いをしても、父親は「スカートが短い」と叱るだけだし、就活では平気で「取引先の目上の人に身体をべたべた触られたらどうしますか？」と聞かれる。どうせ採用されないならきっぱり断ると言えばよかったと思っても手遅れだ。結局、三三歳の主人公は、子育てのために仕事を辞めることになる。

著者のチョ・ナムジュ（趙南柱）はこう答えている。

「どうせこれからも社会は変わらないというような悲観的な考えでラストシーンを書いたわけではありません」

「よく女性差別や性犯罪で『あなたの妻や娘がその立場になったらどう思う？』と男性に問うことで想像を促そうとする人がいますが、結局、そんな個人的なことではダメなんです。大切なのは、制度や慣習など社会全体を変えることです」
（竹下郁子「『82年生まれ、キム・ジヨン』韓国で100万部なぜ売れた？　女性たちの反撃は日本でも共感されるか」Business Insider 二〇一九年二月二〇日）

モラル・エンハンスメントは人間の自由を侵害するか

「モラル・エンハンスメント」は自由を侵害する、という批判もある。愚かな選択や行動をすることも人間の自由の一部（「愚行権」）なら、それに介入する「モラル・エンハンスメント」は、自由の侵害になる。これに対して、人間が愚かなために生まれる問題がたくさんあって、解決に時間がかかるとすれば、自由よりも問題の解決が優先されるべきだ、という反論があり得る。

ジョージ・ワシントン大学で道徳哲学を教えるデヴィッド・デグラジアは言う。

私たちが行動するときの平均的な自由度と比較して、モラル・エンハンスメントは自由を二五パーセント減少させたと想像してみてください。さらにモラル・エンハンスメントの結果、戦争や飢餓がなくなり、世界のすべての人が基本的な生活必需品にアクセスできると想像してみてください。人々の道徳的行動やそのような歓迎される結果のために必要ならば、それを理由に、私は自由の減少を全面的に受け入れるでしょう。（"Moral enhancement, freedom, and what we (should) value in moral behaviour" Journal of Medical Ethics, Vol. 40(6), p.367.）

こうした「世界が良いものになるのであれば、多少、自由が制限されてもいい」という意見はどれほど、正当化できるのだろうか。もし、仮に、自由がデグラジアの言うように計測可能で計算可能だとしよう。だとすると、彼の言っていることは、彼の定義に従う限り、「二五パーセント不自由な人がいても戦争や飢餓がなくなればよい」という主張と論理的には同じということになる。果たしてそうだろうか。

英紙「ガーディアン」は、世界にはいま約四〇三〇万人以上の実質的な奴隷がいると報じた。国連の調査では、一五～一九世紀の奴隷は一三〇〇万人程度だったから、ざっと三倍以上だ。そのうち、約二四九〇万人が強制労働をさせられている。女性は約二八六〇万人。約四八〇万人が性的搾取を受け、その七〇パーセントはアジア太平洋地域に集中している。それとは別に、約一五四〇万人が強制結婚。全体の約二五パーセントを占める約一〇〇〇万人の子供が児童労働にさらされている。私たちの国の技能実習生も実質的奴隷に含まれている。

デグラジアたちは、彼らのような状態に置かれている人から、二五パーセントの自由度を減少させてよいというのだろうか。もし、そんなことが可能だとして、果たして、そういう社会を私たちは幸せな社会だと思えるだろうか。

道徳的か否かは誰がどうやって決めるのか

仮に、この問題をクリアできたとしても、薬によってネガティブな性質をなくすことが本当に「道徳的」といえるのかどうかは微妙だ。一体、誰がどの時点で、何の権利でそれを判断できるのか分からない以上、それ自体が新しい争いの原因になるからだ。

儒教的伝統が根強く残り、直系の男子が尊ばれる韓国では、事実上性別産み分けが行われている。では、さらに、二重瞼で鼻筋の通った子が生まれるような薬を飲むのはどうか。「それは、ちょっと」と思うかもしれない。

では、遺伝が原因の病気を持った子供が生まれる可能性が高い場合に、その遺伝子の発現を抑える薬を飲むのはどうだろうか。人間が踏み込んではいけない領域だと感じる人もいるかもしれない。優生思想と変わらないではないか、という批判もあり得るだろう。だが、デグラジアのような立場からすれば、病気を治したり品種改良したりするのと同じだということになる。

あなたが、親だとしよう。生まれた子供から「どうして、それを選んだのですか」と聞かれたとき、どう答えたらいいのだろう。逆に、あなたが子供だったとして、親の選択のために望まない結果を引き受けなければならなかったとしたら、あなたは、羊飼いのように、親を訴えればよいのか？ それとも、孔子のように、庇うべきなのだろうか？

それでも、子供は、まだ、異議申し立てができるだけよい。遺伝の影響は二世代、三世代、ずっと後になって現れるかもしれない。そのとき、訴えようとしても、訴える相手はいなくなっている。それどころか、薬のせいだと気付くことすらできないのだ。

正義の倫理・ケアの倫理

こう考えてくると、より良い社会を作るために、一人ひとりの道徳性を高めればよいという考え方に、無理があるのかもしれない。個人の道徳性を高めても、互いに道徳をめぐって争うようになるだけだとすれば、どうやって道徳に順番をつければいいのか。

アメリカの心理学者ローレンス・コールバーグによると、道徳性は子供のときから段階的に発達し、その度合いに応じて、三つのレベルと六つの段階に分けられる。

彼の「道徳性発達理論」の前提となっているのは、「正義」だ。

第四章で取り上げた、キャロル・ギリガンは、道徳性を「正義」だけで理解すべきではないという。道徳を考えるためには「正義の倫理」だけでなく「ケアの倫理」が重要だ。なぜなら、もし、コールバーグのいうような「正義」だけを基準にした発達段階説が正しいとすると、身近な人たちを助けることは、見ず知らずの誰かを助けるよりも、未熟な段階とされてしまう。

道徳性発達理論

段階			レベル
1	「罰と服従への志向」	罰を受けるか受けないかが判断の基準となり、権威に服従することがよしとされる。	「前慣習的」
2	「道具的・功利的志向」	自分が得をするかどうかによって行動する。	
3	「対人的一致・良い子への志向」	他人の期待に応えようという気持ちが生まれる。	「慣習的」
4	「社会秩序への志向」	法に従い、社会を維持することに価値を見出す。	
5	「社会契約的・遵法的志向」	法を固定的と考えず、社会全体という広い視点で捉えられる。	「後慣習的」
6	「普遍的・倫理的原則への志向」	単なる法を超えた普遍的な倫理に基づいて行動する。	

（L.,Kohlberg, 1976, Moral stages and moralizationをもとに著者が作成）

そこでは、世界や社会を変えることが、家庭を守ることよりも上だということが前提にされている。

世直しや革命に夢中で家庭を顧みない身勝手な男が、肉親を悩ませる様は『神々は渇く』（アナトール・フランス）、『党生活者』（小林多喜二）といった小説でも描かれてきた。外では進歩的な知識人が家では妻に対して暴君のように振る舞うとか、安保条約改定に反対する学生運動をしながら、女性におにぎりを握らせていた、という話をきいた人もいるだろう。

社会学者の古市憲寿によれば、ある講演会で、年長世代が「君たちの世代は知的生産性が低い（新しいことは何も言っていない）」と言ったのに対し、アクセル・ホネットは「私たちはあなたたちと違って子育てをしている」とやり返したという（國分功一郎・古市憲寿『社会の抜け道』小学館、二〇一三）。ホネットは、ハーバーマスたち批判理論家の第三世代だ。古市のデビュー作『希望難民ご一行様――ピースボートと「承認の共同体」幻想』（光文社新書、二〇一〇）は彼の議論を参照している。

歴史的に、身近な人をケアするのが女性の社会的役割とされてきたことを思えば、コールバーグの議論は男性中心的な考えだというギリガンの主張もうなずける。(i)

人はなぜ、寄付をするのか

「格差」を嫌うのは人間だけではない。『道徳性の起源――ボノボが教えてくれること』（邦訳　紀伊國屋書店、二〇一四）のフランス・ドゥ・ヴァールによれば、類人猿は自分の取り分が減ると知っていても自発的に仲間も食物を取れるようにすることが分かっている。

また、オマキザルに二種類の代用通貨を渡して人間と物々交換をさせる実験で、Aの代用通貨を使うと、そのサルだけが得をし、Bだと二匹とも得をするようにしておくと、そのうち彼らはBだけを使うようになるという。

---

i――一部のフェミニストから、「ケアの倫理」は女性の社会的役割を固定化するのではないかという批判がある。これについてはネル・ノディングス『ケアリング――倫理と道徳の教育　女性の観点から』（邦訳　晃洋書房、一九九七）が参考になる。ノディングスはケアする側とケアされる側の「相互的応答性」を重視する立場から「ケアリング」という概念を提唱した。

行動経済学では、年収が増えるほど幸福度が増すのは一定程度までで、それ以上になると幸福度は上がらず、むしろ、下がってしまうことが分かっている。

古代ローマでは、キケロは九つもの豪華な別荘を持ち、セネカは皇帝に次ぐ大富豪だったが、二人とも清貧な生活を理想とした。富は、自分が人生から借りているだけで、いずれ返すものだと考えていたからだ。美徳や善行は失われることがないとすれば、寄付はお金持ちにとっては、それなりに合理的だといえる。

しかし、グループ外への支援となると、話は別だ。そもそも、寄付なんて余計なお世話だという主張は根強い。援助は、される側の自発性を損なうので有害なだけだ。支援なんて、先進国の自己満足に過ぎない（ウィリアム・イースターリー）という意見がある一方、自主性に任せるというのはきれいごとだ。個人のやる気で何とかなる問題ではないから援助が必要なのだという反論がある（ジェフリー・サックス）。

さらに、そもそも、どこが確実な寄付先か分からないという、実際的な問題もある。近年だと、Facebookのザッカーバーグは都市教育改革に参入し、莫大な予算を投じたのに住民からも反発を受けて失敗している。大学の研究助成でも公的資金の投入でも同じだ。選択と集中といえば聞こえは良いが、当たる宝くじだけを買いたいと言えば、誰でも、それは無理だと分かる。それでは、効果的な援助はできないのだろうか？

寄付では、少な過ぎる

そんなことはない、と『〈効果的な利他主義〉宣言！――慈善活動への科学的アプローチ』（邦訳　みすず書房、二〇一八）のウィリアム・マッカスキルはいう。彼は、確かに、支援にはハズレも多いが、それでも、「何人がどれくらいの利益を得るか？」「この分野は見過ごされているか？」と、順序だてて考えれば効果的な寄付は見つけられるという。

たとえば「アフリカの貧困国における教育をどうやったら向上させられるか」という場合、誰もが「無償で教科書を配布する」と考える。だが、経済学者たちの研究で、期待されていたような効果が得られなかったことが分かった。

一方、非常に効果の大きかったのが「腸内寄生虫の駆除」だ。アフリカの多くの子供たちは腸内寄生虫に苦しめられている。それが、学校を長い間休む原因になっていた。ケニアの子供たちを対象に腸内寄生虫の駆除をしたところ、長期欠席が二五パーセントも減少した。一〇〇ドルを費やすだけで、合計で一〇年分の出席日数が全生徒で増えたという。

だが、大事なことは、個々の事例ではない。「効果的な利他主義のもっとも面白い部分は、私が本書で提供している提言そのものではなくて、『どうすればできるかぎりのよいことができるか？』という疑問を探るための方法論だ」「よいことを完璧に行なうことはムリでも、もっと効果的に行なおうと努力することなら、いつだってできるのだ」（マッカスキル、前掲書）。

だが、米国国内に限れば、寄付よりもっと効果的なものがある。高所得者層への課税と公共政策の変更だ。そう言うのは、『1％の富裕層のお金でみんなが幸せになる方法』（邦訳 プレジデント社、二〇一九）のクリス・ヒューズである。

面白いのは、ヒューズ自身が一パーセントの富裕層に属していることだ。大学でザッカーバーグと同室になったことから、Facebookの共同創業者の一人になったため、二〇代で億万長者になり、オバマの選挙キャンペーンを主導して有名になった。

彼は、運が良いだけの自分のような人間が大金持ちになるシステムはおかしいのではないか、と言う。ヒューズの主張は、大富豪がやるトップダウン型の寄付は上手くいかないから、それより、富裕層一パーセントに課税して年収五万ドル未満の世帯の労働者に毎月五〇〇ドルを配ろう、というシンプルなものだ。

彼の試算では、それだけで九〇〇〇万人の生活を改善し、二〇〇〇万人を貧困から救い出すことができる。継続して保証所得を行おうとすれば税収と公共政策の変更が一番効果的ということになる。

税に関しては、パナマ文書が、大富豪たちは様々な口実を使って、払うべき税金を払っていないことを明らかにした。彼らの多くがアメリカに集まっていることを考えると、大金持ちたちがちゃんと税金を払ってくれれば、一パーセントの富裕層への増税すら必要ないか、ずっと少なくて済むかもしれない。

私たちは、ダイエットに失敗して体重計に文句をつけている人をおかしいと思い、貧乏人ほど太っているのは彼らが愚かで自己管理ができていないからだと笑う。だが、脂肪をお金に、体重を資産総額に置き換えたら、一方で税を払わないようにしながら、もう一方で寄付したがる大富豪も同じようなものではないだろうか。

衣食足りて礼節を知るというが、どうやら、お金が人を賢くしたり、道徳的にしたりすることはないらしい。だとすれば、何が利他的で、どうするのが効果的かは自分たちで考える必要がある。いまは、まだ荒唐無稽に思えるかもしれないが、グローバルな経済活動からはグローバルに税を納める地球税のようなものが、いずれできるかもしれない。

体制維持のための秩序変更

既存の正義と秩序に異議を唱えるのは、フェミニストたちだけではない。逆に体制を維持しようとする立場から秩序を変えようとした人もいた。江戸時代の荻生徂徠《おぎゅうそらい》だ。彼が道徳と政治を分けたことを、いま私たちが生きているような時代の先取り（近代の萌芽）と見るのが、『日本政治思想史研究』の丸山眞男である。興味深いのは、思想的には正反対のフェミニズムと日本儒教が同じ同心円的な秩序のイメージを持っていることと、それを利用して秩序変更だけでなく、体制の変換まで可能にしようという丸山の知的力技である。

ローマ帝政と江戸幕府の共通点は、軍人による支配(軍政)と、神権政治(テオクラシー)だ。ローマ皇帝は死後、神格化される場合があったが、家康も現人神だった。神の法(自然)を変えるために、徂徠は、先王の道といっても、人間が作ったものだ(作為の契機)と主張した。

徂徠には、将軍である綱吉の治世＝天和の治を擁護し、徳川王朝を存続させる狙いがあった。徂徠によれば、綱吉は、貨幣の改鋳で通貨の流通を上げ、インフレ政策で財政を立て直し、自分で家臣相手に『論語』や『孟子』の講義をした。有名な生類憐みの令は、人口の集中する都市で子供や病人を捨てることを禁じるものだった。

江戸時代には子供という考え方も、権利という考え方もなかった。新しい考え方は受け入れられにくいのだ。彼の改革で幕府は存続したが、評判は悪かった。現代のアメリカにおいて銃規制や妊娠中絶、保険制度改革をしようとし失敗したオバマを見れば、綱吉の評判が悪いのは当然だろう。

では、当の丸山はどうして、そんな本を書く必要があったのか。

本当はカール・シュミットのようなヨーロッパの最先端の研究をしたかったのに、戦時中だったので、師匠に日本のことをやれ、と言われた。だが、言われた通りにするのは面白くない。日本のことをやりながら、シュミットと同じことはできないか。シュミットがもっとも民主的といわれるワイマール憲法から大統領による非常時の大権を見出したように、徂徠は儒教から、作為の契機を見出した。シュミットの理論がワイマール共和国の終わりを告げたように、徂徠が徳川王朝を存続させるために考えた理論は国学を生み、やがて幕末には討幕の理論になった。だったら、徂徠を読み替えることで、戦前の思想を終わらせることはできないか。

作為の契機を梃子に、無責任の体系を責任の体系へ、戦後民主主義の虚妄に賭けるとは、そういう意味だった、そう考えるのはそれほど難しくない。そこにこそ、丸山自身の決断＝作為の契機があったといえる。

私たちは、彼から何を学べるだろう。私たちには、もはや賭けることのできる虚妄はない。そもそも政治はギャンブルではない。むろん、そんなことは、丸山は百も承知だった。「かくすれば、かくなるものと知りながら、やむにやまれぬ―」（吉田松陰）。丸山すらそうだとすれば、私たちは、どうするべきだろう。

社会は実は分断されていない？

「競争が起きるのは、価値観が対立しているからではない。むしろ共通の価値観を持っているときに競争が起きる」、みんなが「弱者」を助けることが大切だと思っているから、誰もが「弱者」や「当事者」に寄り添おうとする。弱者や当事者に近いほど偉いというピラミッド構造だ。

それゆえに競争が起きる。私たちは、よく、社会の分断の溝が深まり、対立が激化しているという。だが、実際にはシステムは最適な平等でフラットな環境を提供している。政治的には民主主義、経済的には資本主義という近代社会だ。だとすれば、溝が浅くなった分、これまで目に留まらず、気にならなかった些細な違いが気になるようになっただけではないだろうか。

私たちは分断されたのではなく、むしろ、接続されたために違いに気付くようになった。その意味では、対立は深まっているというより、浅く広まっているといった方が正しい。敵のいない、開かれた社会を作るつもりで、細分化された社会とその敵を作っていたわけだ。

にもかかわらず、もし、対立が激しくなっているように見えるのだとすれば、それは、私たちがそれを望んでいるからに他ならない。ウォールストリートのオキュパイ・デモで「私たちが九九パーセントだ」（＝少数のエリートではなく、自分たち多数派こそがアメリカ人である）と叫んだのと同じように、トランプの支持者もヨーロッパで移民排斥を訴える人たちも「私たちが九九パーセントだ」と言っている。

私たちの社会では、漠然とした違和感や嫌悪感を「拡大」する技術さえ最適化されている。

つい、この間まで、私たちは、日本の政治は対立軸がないから盛り上がらないと言っていた。だから、他の人との違いを見つけ、少しでも個性的であろうとする。それなのに、いざ、対立が始まると、社会の分断を嘆いている。

私たちが認めたがらない、しかし認めるべき事実は、リベラルも極右も私たちと、とても、よく似ているということだ。これは、左翼も右翼もどっちもどっちという話ではない。私たちは本当に「九九パーセント」なのだ。

これは嘆くべきことだろうか。『憎しみに抗って――不純なものへの賛歌』（邦訳　みすず書房、二〇一八）でカロリン・エムケは、いわゆる極右政党の台頭は、それほど心配することはないと言う。彼女は、マクロの経済政策を実行して、社会への不満や未来への不安を取り除くことさえ行っていれば、多くの極右政党は、彼らが実際に力を持って現実に可能な政策に妥協するようになるか、あるいは他からも支持を受けるようになるか、どちらにせよ特徴を失いやがて淘汰されてしまうというのだ。

それよりも、難しいのは「憎しみに対して憎しまない」ことだと彼女は言う。

憎しみに立ち向かうただひとつの方法は、自分を心のなかに取り入れてほしいという憎しみ自身からの誘いをはねつけることだ。

憎む者たちに欠けている姿勢をとることだ。つまり、正確に観察すること、差異を明確にし、自分を疑うのを決してやめないこと。（カロリン・エムケ、前掲書）

彼女は憎しみは決して自然の感情ではない、「憎しみには器が必要だ」と言う。憎しみは時間をかけて作られるものだ。であれば、器ができる前に壊すことも、あるいは、社会の中で、みんなが目に見えるところに置いて、見張っていることもできるはずだ。

自分を過剰適応させないためにはどうするか

システムが私たちに適応するだけでなく、私たちもシステムに適応してしまう結果、適応し過ぎを生む。適応し過ぎているのに、それが当たり前のように感じさせている力の働きを「権力」と言うとすると、あまりにも当たり前になって日常化した権力を批判するためには、不便益、偶然性をどうシステムに組み込むかが一つのカギになる。

これは技術を否定するということではない。もっとも電子政府化が進んでいるとされる東欧のエストニアでは、投票や納税さえオンラインでできるのに、結婚・離婚・不動産取り引きだけはあえて、オンラインでできないようにしている。SNSへの投稿の際に「差別」やヘイトに当たる言葉が使われていた場合、本当に投稿するかどうか訊ねてくるアプリを開発したのもエストニアの当時一〇代の女の子だったといわれている。これも、テクノロジーを使ってシステムの中に不便益を作る一つの方法だ。

技術が進んで、まるで自然のようになっているなら、だからこそ、人為（作為の契機）が必要になる。考えてみれば、私たちは自然の中でも裸のまま生きていたわけではなかった。同じように、情報の生態系の中でも道具を使おうというだけのことだ。システムが私たちに最適化するのはやむを得ないとしても、私たちの方がシステムに最適化されてしまわないようにすることは、最低限の自己への配慮、自己のテクノロジーだ。[ii]

このような「自己への配慮」は、ビッグデータの方が私たちよりも「私たち」について詳しく「知っている」現在において、より重要になりつつある。なぜなら、自己への配慮《セルフケア》を欠くと、私たちは、わずかな違和感やちょっとした嫌悪感を最大化し、効率的に伝えることで、他人をもっとも効果的に傷付けることができるシステムの中に住んでいるからだ。

こうしたシステムの中では気を付けていないと、知らないうちに、過去の履歴と傾向から効

---

ii──「これまで私はあまりにも支配と権力のテクノロジーに力点を置き過ぎていたかもしれない。いまやますます私の関心は、自己自身と他者との相互作用に、そして、個人における支配のテクノロジーに、いかに個人が自分自身に働きかけるかの歴史に、つまり自己のテクノロジーに向かっている」（ミシェル・フーコー『自己のテクノロジー――フーコー・セミナーの記録』邦訳　岩波書店、一九九九）。

率良くデータとファクトに基づいた「本当の自分」や「ありのままの自分」を見出してしまう。私たちの住むこの世界では、「自分探し」すら最適化されているのだ。

ベストセラー『ファクトフルネス』（ハンス・ロスリングほか　邦訳　日経BP社、二〇一九）の中で、もっとも感動的な個所の一つは、著者が講演を終えた後でアフリカ人女性から、表や図は悪くないが、ビジョンがない、とたしなめられた後、「一緒にコーヒーを飲みましょう」と誘われるシーンだ。会心の出来だと思う講演の中に、自分の中の差別意識や偏見、バイアスがあることを支援先の国の女性から気付かされる。こうした経験抜きに、全体としては世界が良くなっているという大きな「事実」だけを自分に都合良く解釈すると、自分は事実を知っている、だから、もうバイアスを持っていないのだという逆効果を生む。いわゆる、免罪符効果だ。

しかし、私たちは、自分が間違いを指摘した相手と一緒にコーヒーを飲みに行くことができるだろうか。「ハンマーしか持っていないものには、すべてが釘に見える」という。私たちが正義や事実だと思っているのは、実は単なるハンマーかもしれない。違うのは、叩いているのは釘ではなく他の人の感情や自尊心であることだ。たとえ、それが反省されたものだとしても、私たちの「正義」や「事実」は誰かの心を傷付けているかもしれない。議論とか対話とかいうのは会議室で他人を言い負かすことではなく、これからも一緒に関係を続けていくための社会的営みだ。

正義かケアか、司法か医療かの二者択一ではない

薬物依存と同じアディクションでも、DVや児童虐待の場合、むしろ適切な司法の介入を望む声がある。ケアを実際にしているカウンセラーたちの意見だ。そもそもDVの場合、加害者だけでなく、被害者もDVだということを認めたがらないといわれている。それどころか、むしろ「私にも悪いところがあったのでは」と思って自分を責めているケースもある。DVということすら認められないのに、DVが病気だといっても、かえって認められない。「私は病気なんかじゃない」、そう思うのは無理もないことだ。しかし、そのため、継続して治療を受けることができないのはよろしくない。

そうであるなら、法律で決まっているからという方が、当事者にとってはむしろハードルが下がる。その結果、継続的なカウンセリングを受けられるようになるなら、これも、ある種の負担免除だ。

一見すると、正義の論理、温情主義《パターナリズム》をケアの現場に持ち込んでいるように見える。だが、正義かケアか、司法か医療か、どちらかという議論は一見、本質について論じているように見えて、結局のところ、これまでの分類に当てはまらない事態を無理やり既存の枠組みに押し込もうとしているだけだ。

理論的であるというのは、これまでに分かっている枠組みに現実を当てはめるのではなく、分かっていないことに対しても合理的に対処することだ。そして、そのためには、仮に、誰が、どんな立場を取ったとしても、その人のどんな選択も尊重できるような社会がなくてはならない。だとしたら、個々の社会課題について考えることも大切だが、それと同じくらい、改めて、そもそも社会とは何であるのかについて考えてみる必要がある。

無意識・当たり前・空気の中に生きている私たち

現代社会における〈知〉は、その軌跡が余りにも複雑になったために、文字通り私たちの社会の〈無意識〉になってしまっている。私たちは私たちの知っていることが何かを知らないし、私たちは〈知〉の作用が如何なるものなのかを知らないのです。

（ミシェル・フーコー『ミシェル・フーコー思考集成Ⅶ』筑摩書房、二〇〇〇）

この場合の「知《エピステーメー》」というのは、特別な知識のことではなく、物事を理解するときの枠組み、私たちが当たり前だと思っている「空気」のことだ。

たとえば、私たちはスマホやタブレットを持つことを当たり前のように思っているが、三〇年前はそうではなかった。先のことは分からないが、将来、音声入力や、絵文字やＬＩＮＥのスタンプのような記号を思い浮かべるだけでやりとりできるようになれば、「この時代の人が、皆、俯いて手を動かしているのは、モニターと指による文字入力を行っていたからだ」という説明が必要になるはずだ。

たとえば、普段、私たちは国家を意識していないが、それが存在していないとは考えない。しかし、いまから、二〇〇年前は違った。

福沢諭吉は「水戸、薩摩、長州、土佐藩という個々の藩はあるが、日本などという、そんなものが、どこにあるのか」と問われ、「西欧には statistics（統計学）というものがあって、それを踏まえれば『日本』という国は確かにあるのだ」と答えたという。貿易や生産や消費を数値化すれば、藩よりも「日本」という国がまとまりとしてより実態に即しているというわけだ。国家（state）と統計（statistics）は、同じラテン語を語源とするが、統計が国家だというのはそういう意味がある。

それにしても、ＤＶ被害者が加害者の立場に同情するように、従業員なのに、経営者の立場を代弁して話す人がいる。どうしてそのようなことが起きるのだろう。デヴィッド・グレーバーは、構造的な不平等は想像力の偏りを生むという。彼の考えでは、ある決まった立場に置かれていると、知らないうちに、優位な立場の人間の気持ちを推し量って「想像的同一化」し、相手を理解することを強いられる（解釈労働）。

だが、こうした想像力の偏りは、必ずしも「弱者」だけに起きているのではない。小泉純一郎元総理は、政治家を引退してから脱原発運動に転じ、次のように述べる。

「勉強すればするほど、こんなものは日本でやっちゃいけない、という確信を持った」

「（原発事故は）『天災ではない。人災です』と。報告書でもそう断言されている。原発事故の根源的な原因は、監督、規制する側の経産省と、規制される側の電力会社、この立場が逆転してしまったことにある」

「それでいて、未だに懲りずに原発を推進しようとしている」

「しかし、総理の時に、なぜこれほど単純なことがわからなかったのか」

（小泉純一郎ロングインタビュー『週刊読書人』二〇一九年二月八日）

先の議論を踏まえれば、総理大臣「なのに」分からなかったのではなく、総理「だから」分からなかったのだ。権力者たちは自分では「分かっている」つもりだし、しばしばそう言いたがる。だが、実は、彼らは、支配するのに「都合の悪いこと」は知らないし、知っていても簡単に忘れる。そうするのがもっとも合理的で、そのように「最適化」されているからだ。彼らは決断しているつもりで、実はさせられているだけかもしれない。

まだ見えていない、気付いていない選択肢がある

だが、私たちは理解した相手に同一化をしてしまうことを、やめられないのだろうか。そんなことはないと、孔子は言う。

宰我、問いて曰わく、仁者は之に告げて井に仁有りと曰うと雖も、其れ之に従わん。子曰わく、何為《なんす》れぞ其れ然らんや。君子は逝かしむべきなり。陥《おとしい》るべからざるなり。欺くべきなり。罔《し》うべからざるなり。（『論語』雍也第六・二十六）

生意気な弟子が、師匠を困らせようと意地悪な質問をしている場面だ。現代語風に思い切って意訳すると「先生、思いやりとか、当事者に寄り添うとか言いますが、一番かわいそうなのは、誰からも同情されないテロリストや麻薬中毒者、ヘイトスピーチをするような連中ではないでしょうか？　もしも、そうだとしたら、思いやりの深い人は、そういう連中に寄り添ったがために自滅することになりませんか？」

「どうして、そんなことがあるだろう。たとえ騙して『井戸の傍までは連れていけても、落と

すことまではできない』（行為の直前までは理解しても、一緒に落ちることが共感ではない）のであって、情緒的な想像的同一化と理解に基づく共感は別のものだ。私たちは権力者を理解しても、彼らに同一化する必要はない。彼らが知らなければ分からせ、忘れていれば思い出させればいい。国民ひとりの責任は、それで十分足りている」

戦時中、戦意高揚のための宣伝に協力したといわれる花森安治は、その反省から戦後『美しい暮しの手帖』を興す。それは、単なる雑誌社というより消費者運動と経済的に自立した民間の研究所を兼ねていた。各社の製品の性能を比較するテストを誌上で行い、そのために雑誌に広告を入れなかった。

彼は「民主々義の〈民〉は　庶民の民だ　ぼくらの暮しを　なによりも第一にする　ということだ　ぼくらの暮しと　企業の利益とが　ぶつかったら　企業を倒す　ということだ　ぼくらの暮しと　政府の考え方が　ぶつかったら　政府を倒す　ということだ　それが　ほんとうの〈民主々義〉だ」（「暮しの手帖」第二世紀八号、一九七〇）と言う一方で、「一つの内閣を変えるよりも、一つの家のみそ汁の作り方を変えることの方がずっとむつかしいにちがいない」と言った（「美しい暮しの手帖」九号、一九五〇）。

今日風にいえば、システムの中に生活世界を作ろうというわけだ。言い換えれば、専門家の知識を分かりやすく民主化するだけでなく、民主主義を科学的な仕方でバージョンアップしようとしたということだ。

人の暮らしの中には変わった部分もあれば、変わらない部分もある。それでも、花森の時代と比べれば、私たちの生活はやはり変化したといえるだろう。そうだとすれば、私たちは、そろそろ自分たちの生活に合わせて、政治風土を作り変えてもいいのではないか。その方が、一内閣を云々するよりも、ずっと意味があるはずだ。

善意による支配において特徴的なのは、ある選択肢が道徳の名で与えられ、これに挑戦する可能性が理性の名で制限されるということである。

（畠山弘文、前掲書）

「最適化されたシステム」は、その選択肢の中から選ぶのが、もっとも合理的だと言ってくるかもしれない。だが、元々人は自由だ。提供されたものの中から選ばなければならない理由はない。少し「視点を移動」することで、私たちの社会に無意識のように君臨している〈知〉を、意識へと転換し、「常に人が見ていながら、見えていないもの、見損なっているものを、はっきりと見えるようにする」ことができる。次は、それに合わせて社会を変えればいい。

そんなこと、とても無理だと言うかもしれない。だが、よく考えてみてほしい、本当にできない理由があるのだろうか。何となくそう思い込んでいるだけで、実は大した理由なんてないのではないか。「徳は孤ならず必ず隣あり」、変化を恐れず、受け入れることができれば、私たちの社会はまだ進化できる。本書があなたにとって、社会を思い出し、自由を恐れないための、きっかけになってくれることを願っている。

おわりに

苅部直『丸山眞男――リベラリストの肖像』（岩波新書、二〇〇六）によると、ミシェル・フーコーは一九七八年、二度目に来日した際に、丸山と新宿プリンスホテルの部屋で話をした。詳しい内容は分からないが、フーコーが丸山にフランスでの講演を依頼したことを考えると、彼にとって実りのある会話だったのだろう。後に、丸山はこういうことを言っていたらしい。「彼らは、近代的理性を批判しているが、結局、理性の人なんだ。批判しているようで、批判を通じて理性を再生しているわけだ」。

ここから考えられることが二つある。まず、反知性主義といっても、知性を否定するにはフーコーくらいの知性が必要だということ。もう一つは、近代市民社会の擁護者で理性の権化みたいに思われている丸山だが、どうも、自分ではそう思っていなかった、むしろ「情念の人」だと考えていたらしい。確かに、丸山が自身の戦争経験や被爆体験を語ることは少なかった。語り得ぬものについては沈黙しなければならない。しかし、その沈黙の理由は、必ずしも合理的ではないかもしれない。

余計なことを考えずに、感じるままでいい、とか、頭でっかちにならずに、手を動かせ、とか言うのをよく耳にする。しかし、そういう考え方自体が、理性や脳中心的な思い込みではないか。頭だって身体の一部に過ぎない。だったら、手と同じように動かしてみたらよい。そう思ってみると、考えられることはたくさんある。

たとえば、人はよくＡＩに仕事を奪われるという。しかし、考え方を少し変えて、ＡＩの身になってみよう。あなたがＡＩだとして、人から奪ってでもしたいような仕事とは何だろう。そう考えると、仕事とは何か、働くとはどういうことか、簡単に答えは出ないにせよ、奪うか奪われるかといった椅子取りゲームのような議論をするよりははるかに実りが多いはずだ。本文でも触れたように、こんなふうにして、引き算して、思い込みを解除（アンラーニング）するためにこそ理性が必要とされる。

本書では日常の権力を取り扱っている。それは、「はじめに」でも触れた通り、非常事態や例外状況だけで働くのが権力ではないという意味で、非日常の権力を扱わないということではなく、非常事態（特殊）も含めた一般的な権力を扱うということである。なぜなら、現代の権力は日常と非日常の区別をなくすように働いていると考えるからだ。

「善意による支配」と善意を「　」に入れているのも同じ理由である。政治は結果責任だといわれる。しかし、結果が良ければすべてが良いかといえば、そんなことはない。民主制はその実現のプロセスにおいても民主的でなければならない、というのが近代政治学のイロハであることはいうまでもない。しかし、意図のない結果というような事態があり得るとしたらどうだろう。善意か悪意かという以前に、そもそも「意図」そのものが消えてなくなってしまうかもしれない。

これは、少しも非現実的なことではない。実際に、AmazonやiTunesのおすすめ機能として私たちは日常的に経験している。いまはまだ、Amazonは、私たちが商品を購入してから発送する。しかし、将来、予測の精度が高まったなら、ユーザーが購入を決める前に、Amazonは発送を始めるようになるだろう。嘘みたいな話だが、Amazonは二〇一三年に、アメリカで「予測出荷」の特許を取得している。意図や意志が生じる前に発注・発送しているのだから、こうした変化を洗脳とか支配とかいって済ませるのは正しくない。さらに、同じような変化が単に個人の意識だけではなく、物流のような産業構造や、法や慣習といった社会制度も変えていくことが予想される。

だから、ビッグ・ブラザーからリトル・ピープルへ、とかパターナリズムから母性のディストピアへというのは比喩としては可能でも、必ずしも現実を正しく言い表しているとはいえない。ビッグデータは「もの」だけでなく「○○から××へ」や「A対B」といった私たちの理解の枠組み＝「ことば」と「もの」の関係も変えていくからだ。実体を伴わない比喩はやがて説得力を失っていくだろう。

最近知り合った人から、彼の友達が訪れたリバタリアンのコミュニティの話を聞いた。彼自身もなかなか面白い経歴の持ち主だ。ロスジェネ第一世代で「強制連行なんてない」という考えを持っていた。大学時代に韓国の日本軍「慰安婦」歴史館で、元慰安婦の方から話を聞き、その後、日本に帰って三年くらいかけて考えを変えたという。

彼の友人が、商用でアメリカを訪れた際、アリゾナ州のリバタリアンのコミュニティを訪れた。映画『マッドマックス』か西部劇のようなものをイメージすると全然違うという。確かに、戦闘車両やヘリは見えるものの、どちらかというと、ハイテク企業の研究所か実験工場のようなのだという。牛もニワトリも飼っているし、麦や野菜も育てているが、見た目は自然農園でも、コンピューターによって完全に管理されている。エネルギーも石油の備蓄だけでなく太陽光発電も行い、防空壕と核シェルターも完備、いつ核戦争が起きても、生き残れそうな準備がされている。

やり過ぎじゃないかなと、少し呆れながら、帰ろうとしているところにウォルマートの配送車がやってきた。こんなところまで配送するのか、さすがアメリカと、また感心していると、大量の水を運び始めた。怪訝な顔をする友人に、ＣＥＯ風のリバタリアン氏が説明するには、実は、不動産業者の話では井戸を掘れば水が出るはずだったのだが、まだ見つからない。だから、水だけはウォルマートで買っていると言うのだ。

さらに怪訝そうな顔をする彼にリバタリアン氏は、そもそも地球上の水をバスタブ一杯だとすると、人間の使える淡水はスプーン一杯であること、二〇三〇年までに地球の四七パーセントが水不足で悩むことになるかもしれないことを説明したという。それでも、友人が、よほど納得いかなそうな顔をしていたのだろう。リバタリアン氏は、ついに、悟ったような口調で、こう言ったという。「仕方がないよ。人は一人では生きられないんだから」

この話、いささかでき過ぎていて、実は、フェイクニュースではないかと疑っている。次に、会ったときに、真偽を確かめようと思いながら、まだ果たせていない。

このエピソードから言えることは何だろうか……。それは、ぜひ、ここまで読んだ、皆さん自身に考えてもらいたい。

著者略歴

堀内進之介《ほりうちしんのすけ》

一九七七年生まれ。政治社会学者。博士（社会学）。

専門は政治社会学、批判理論。

首都大学東京客員研究員、埼玉大学非常勤講師、
現代位相研究所首席研究員、Screenless Media Lab. 所長ほか。

『知と情意の政治学』（教育評論社）、

『感情で釣られる人々』『人工知能時代を〈善く生きる〉技術』（ともに集英社新書）、

『人生を危険にさらせ!』（須藤凜々花氏との共著、幻冬舎文庫）など著書多数。

幻冬舎新書 570

善意という暴力

二〇一九年九月二十五日 第一刷発行

著者 堀内進之介
発行人 志儀保博
編集人 小木田順子

発行所 株式会社 幻冬舎
〒一五一-〇〇五一 東京都渋谷区千駄ヶ谷四-九-七
電話 〇三-五四一一-六二一一(編集)
〇三-五四一一-六二二二(営業)
振替 〇〇一二〇-八-七六七六四三

ブックデザイン 鈴木成一デザイン室
印刷・製本所 株式会社 光邦

Printed in Japan ISBN978-4-344-98572-8 C0295
ほ-9-1

幻冬舎ホームページアドレス https://www.gentosha.co.jp/
*この本に関するご意見・ご感想をメールでお寄せいただく場合は、comment@gentosha.co.jp まで。

宮台真司
日本の難点

すべての境界線があやふやで恣意的(デタラメ)な時代。「評価の物差し」をどう作るのか。人文知における最先端の枠組を総動員してそれに答える「宮台真司版・日本の論点」、満を持しての書き下ろし!!

宮台真司　福山哲郎
民主主義が一度もなかった国・日本

2009年8月30日の政権交代は革命だった! 長年政治を研究してきた気鋭の社会学者とマニフェスト起草に深く関わった民主党の頭脳が、革命の中身と正体について徹底討議する!!

岩波明
他人を非難してばかりいる人たち
バッシング・いじめ・ネット私刑《リンチ》

昨今、バッシングが過熱しすぎだ。失言やトラブルで非難を受けた人物には、無関係な人までもが匿名で攻撃。日本人の精神構造が引き起こす異常な現象に、精神科医が警鐘を鳴らす!

片田珠美
男尊女卑という病

人前で妻をバカにする夫、「男の責任者を出せ」と騒ぐ男性客、女性上司に反発を覚える男性社員……男女平等社会は当然と思われるようになった今もなぜ? そこに潜む意外な心理的病理とは?

幻冬舎新書

中野信子
シャーデンフロイデ
他人を引きずり下ろす快感

「シャーデンフロイデ」とは、他人を引きずり下ろしたときに生まれる快感のこと。なぜ人間は他人に「妬み」を覚え、その不幸を喜ぶのか。現代社会が抱える病理の象徴の正体を解き明かす。

岡田尊司
過敏で傷つきやすい人たち
HSPの真実と克服への道

決して少数派ではない「敏感すぎる人（HSP）」。この傾向は生きづらさを生むだけでなく、人付き合いや会社勤めなどを困難にすることも。過敏な人が幸福で充実した人生を送るためのヒントを満載。

黒鉄ヒロシ
もののふ日本論
明治のココロが日本を救う

幕末・明治の日本は、白人の価値観で世界を蹂躙しようとする欧米列強に屈せず、「士（もののふ）」精神と和魂洋才の知恵で維新を成し遂げた。日本人よ今こそ明治の精神に学べ。歴史漫画の鬼才による渾身の日本論。

川上徹也
一言力《ひとことりょく》

「一言力」とは「短く本質をえぐる言葉で表現する能力」。「要約力」「断言力」「短答力」など「一言力」を構成する7つの能力からアプローチする実践的ノウハウで、一生の武器になる「一言力」が身につく一冊。

幻冬舎新書

佐々木閑　大栗博司
真理の探究
仏教と宇宙物理学の対話

仏教と宇宙物理学。アプローチこそ違うが、真理を求めて両者が到達したのは、「人生に生きる意味はない」という結論だった！　当代一流の仏教学者と物理学者が縦横無尽に語り尽くす、この世界の真実。

井出留美
賞味期限のウソ
食品ロスはなぜ生まれるのか

卵は冬場なら57日間（産卵日から）生食可！——まだ食べられる食品を大量に廃棄する「食品ロス」大国・日本。小売店、メーカー、消費者、悪いのは誰なのか。食品をめぐる「もったいない」構造にメスを入れる。

杉崎泰一郎
沈黙すればするほど人は豊かになる
ラ・グランド・シャルトルーズ修道院の奇跡

机、寝台、祈禱台のほか、ほとんど何もない個室で、一日の大半を祈りに捧げる、孤独と沈黙と清貧の日々——九〇〇年前と変わらぬ厳しい修行生活を続ける伝説の修道院の歴史をたどり、豊かさの意味を問う。

齋藤孝
イライラしない本
ネガティブ感情の整理法

イラつく理由を書き出す、他人に愚痴る、雑事に没頭する、心を鎮める言葉を持っておくなど、ネガティブ感情の元凶を解き明かしながらそのコントロール方法を提示。感情整理のノウハウ満載の一冊。